«Tímido, esquivo, de pocas palabras, no mueve un dedo para hacer campaña, pero justamente esto es considerado uno de sus grandes méritos. Su austeridad y frugalidad, junto con su intensa dimensión espiritual, son datos que le elevan cada vez más a la condición de papable».

—Declaraciones del vaticanista Sandro Magister en el semanario italiano *l'Expresso*[1]

«El papa Francisco es un hombre centrado en Jesucristo, que lee la Biblia todos los días».

—Pastor y evangelista protestante, Luis Palau[2]

«En nombre del pueblo americano, Michelle y yo le ofrecemos nuestros más cálidos deseos a su Santidad el papa Francisco en su ascenso a la Cátedra de San Pedro y en el comienzo de su papado [...] como el primer papa de las Américas, su selección también patentiza la solidez y la vitalidad de una región que influye cada vez más en moldear nuestro mundo y, conjuntamente con millones de hispanoamericanos, nosotros los residentes de Estados Unidos compartimos el júbilo de este día tan histórico».

—Presidente de Estados Unidos, Barack Obama[3]

«Deseo mucha luz y energías positivas para conducir al pueblo católico al nuevo papa electo, su santidad Francisco».

—Futbolista argentino, Lionel Messi[4]

«Con mucha vergüenza, hace años hemos asistido a lujosas cenas de Cáritas en las que se rifaban joyas y cosas fastuosas. Te equivocaste: eso no es Cáritas».

—Declaraciones del papa Francisco en la Televisión[5]

«Estos son los hipócritas de hoy. Los que clericalizaron a la Iglesia. Los que apartan al pueblo de Dios de la salvación. Y esa pobre chica que, pudiendo haber mandado a su hijo al remitente, tuvo la valentía de traerlo al mundo, va peregrinando de parroquia en parroquia para que se lo bauticen».

—4 de septiembre de 2012, papa Francisco en la misa de clausura del encuentro de Pastoral Urbana de la región pastoral de Buenos Aires[6]

«Los curas tendemos a clericalizar a los laicos. Y los laicos, no todos pero muchos, nos piden de rodillas que los clericalicemos porque es más cómodo ser monaguillo que protagonista de un camino laical. No tenemos que entrar en esa trampa, es una complicidad pecadora [...] El laico es laico y tiene que vivir como laico con la fuerza del bautismo [...] llevando su cruz cotidiana como la llevamos todos. Y la cruz del laico, no la del cura. La del cura que la lleve el cura que bastante hombro le dio Dios para eso».

—El papa Francisco en noviembre de 2011[7]

FRANCISCO

FRANCISCO

EL PRIMER PAPA LATINOAMERICANO

MARIO ESCOBAR

GRUPO NELSON
Una división de Thomas Nelson Publishers
Desde 1798

NASHVILLE DALLAS MÉXICO DF. RÍO DE JANEIRO

Publicado en Nashville, Tennessee, Estados Unidos de América. Grupo Nelson, Inc. es una subsidiaria que pertenece completamente a Thomas Nelson, Inc. Grupo Nelson es una marca registrada de Thomas Nelson, Inc. www.gruponelson.com

Editora en Jefe: *Graciela Lelli*

Diseño: *Grupo Nivel Uno, Inc.*

ISBN: 978-1-60255-341-5

Impreso en Estados Unidos de América

13 14 15 16 17 RRD 9 8 7 6 5 4 3 2 1

Para Elisabeth, Andrea y
Alejandro, mi mejor elección.

Agradecimientos

Los escritores intentamos ser genios con nuestras palabras, pero hay editores que son genios con sus pensamientos e ideas. Larry Downs es de ese tipo de personas. Gracias, Larry, por la conexión que tenemos a pesar de estar a miles de kilómetros de distancia.

Mi profunda admiración al equipo de Grupo Nelson y Thomas Nelson; son capaces de hacer milagros, yo lo he visto en estas semanas. Graciela Lelli, la directora de orquesta capaz de mantener los nervios en mitad del estrés más fuerte. Me acuerdo del paseo por la playa de Miami con los zapatos en la mano y la cabeza en los libros. Juan Carlos Martín Cobano es del tipo de personas que mira a las cosas y ve lo que los demás mortales no vemos. Buen trabajo, amigo. Gretchen Abernathy, a la que acabo de conocer, es el puente perfecto entre dos culturas, meticulosa e infatigable. Deseando conocerte en persona, Gretchen. Si hay algún fallo es solo mío; todo los bueno lo han hecho estos tres genios.

El equipo de Thomas Nelson ha luchado infatigablemente. Paula Major, que ha soportado a este español y sus manías literarias. Mi gratitud a Matt Baugher, gracias por apostar por este libro y llevarlo hasta el lugar más remoto del mundo.

Gracias a Roberto Rivas, mi amigo mexicano, por confiar tanto en mis libros.

No puedo olvidar tampoco el buen hacer de la Agencia Silvia Bastos y el infatigable Pau Centellas, que no para de recibir correos míos con miles de ideas. Gracias, Pau, por apoyarme en todo.

Gracias, Robert Downs, por lanzar el libro al mundo entero.

Contenido

Introducción

La procesión de ciento quince cardenales desde la Capilla Paulina, bajo los impresionantes frescos de Miguel Ángel, atravesando la Sala Regia para encerrarse en la más hermosa estancia hecha por el hombre, la Capilla Sixtina, hasta que, inspirados por el Espíritu Santo, nombren al que va a dirigir a la Iglesia Católica, es una de las ceremonias más impresionantes del mundo.

Los purpurados avanzan hasta entrar en orden en la Capilla Sixtina y, tras colocarse en sus puestos, cantan el *Veni Creator*, una antigua oración en la que se invoca al Espíritu Santo. Después, los cardenales juran uno por uno, la observancia fiel de las normas del cónclave, que se resumen en: cumplir fielmente el mandato de Pedro si no son elegidos papa y no desvelar los secretos relacionados con la votación del pontífice.

Una vez concluida la ceremonia de los juramentos, el Maestro de las Celebraciones Litúrgicas Pontificias, ordena en latín: «¡*Extra omnes*!» [¡Fuera todos!]. Las puertas se cierran de golpe y los ciento quince cardenales comienzan sus discusiones.

Dentro de las paredes de la Ciudad del Vaticano da la impresión de que el tiempo se ha detenido, las prisas y el agitado mundo moderno parecen cosas impensables en el estado más pequeño del mundo. Fuera, el revuelo de más de seis mil periodistas, cámaras y fotógrafos que quieren ser los primeros en retratar o informar sobre el nuevo papa permanece ajeno a la reunión religiosa más trascendental del planeta.

Cuando por la chimenea de la Capilla Sixtina sale la esperada fumata blanca, la emoción de los congregados en la Plaza de San Pedro crece hasta convertirse en una gran fiesta de la fe para los católicos. Televisiones, radios y periódicos de todo el mundo esperan ansiosos la aparición del nuevo papa en el balcón principal, pero el recién elegido papa se está preparando en la famosa Sala de las Lágrimas, donde antes de desvelarse al mundo, se desnuda ante Dios.

Cuando al final, tras una corta espera que para muchos fieles se hace interminable, el nuevo papa saluda a la Iglesia Católica en todo el mundo. El nuevo pontífice levanta la voz y pronuncia la bendición *urbi et orbi* [a la ciudad y al mundo]. Entonces la Plaza de San Pedro se llena de un clamor ensordecedor y medio mundo observa desde las pantallas de sus televisores y ordenadores el rostro del nuevo obispo de Roma.

Francisco, el cardenal Jorge Mario Bergoglio, con los brazos levantados, las palmas de las manos abiertas hacia la multitud, pronuncia sus primeras palabras, la Plaza de San Pedro se queda en silencio de repente:

> Hermanos y hermanas, buenas tardes.
>
> Sabéis que el deber del cónclave es dar un Obispo a Roma. Parece que mis hermanos Cardenales han ido a buscarlo casi al fin del mundo..., pero aquí estamos.
>
> Os agradezco la acogida. La comunidad diocesana de Roma tiene a su Obispo. Gracias. Y ante todo, quisiera rezar por nuestro Obispo emérito, Benedicto XVI [...] Y ahora empezamos este camino: Obispo y pueblo. Este camino de la Iglesia de Roma, que es la que preside en la caridad todas las Iglesias. Un camino de fraternidad, de amor, de confianza entre nosotros. Recemos siempre por nosotros: el uno por el otro. Recemos por todo el mundo, para que haya una gran fraternidad. Deseo que este camino de la Iglesia, que hoy comenzamos y en el cual me ayudará mi Cardenal Vicario, aquí presente, sea fructífero para la evangelización de esta

> ciudad tan hermosa. Y ahora quisiera dar la Bendición, pero antes, antes, os pido un favor: antes que el Obispo bendiga al pueblo, os pido que vosotros recéis para que el Señor me bendiga: la oración del pueblo, pidiendo la Bendición para su Obispo. Hagamos en silencio esta oración de vosotros por mí....
>
> Ahora daré la Bendición a vosotros y a todo el mundo, a todos los hombres y mujeres de buena voluntad.
>
> (Bendición)
>
> Hermanos y hermanas, os dejo. Muchas gracias por vuestra acogida. Rezad por mí y hasta pronto. Nos veremos pronto. Mañana quisiera ir a rezar a la Virgen, para que proteja a toda Roma. Buenas noches y que descanséis.[1]

El papa Francisco era un desconocido para la mayor parte de fieles y habitantes del planeta hasta hace poco tiempo, por eso surgen varias preguntas, dudas e incógnitas sobre la dirección que tomará la Iglesia Católica en los próximos años: ¿será Jorge Mario el que abrirá la Iglesia Católica al siglo XXI? ¿Se convertirá el nuevo papa en el primero en autorizar el matrimonio a los sacerdotes? ¿Cómo actuará antes los escándalos que han sacudido a la Iglesia Católica en los últimos años? ¿Mantendrá el pontífice Francisco su postura de apoyo hacia los pobres? ¿Promoverá un mayor diálogo interreligioso?

Para responder a estas y otras preguntas, en este libro profundizaremos en la vida, las palabras y pensamientos de uno de los hombres más poderosos de la tierra.

La historia de Jorge Mario Bergoglio, el primer latinoamericano en recibir el título de papa, nos mostrará las influencias que ha recibido a lo largo de su dilatada vida eclesiástica y personal. Su formación como jesuita y sus especializaciones académicas en el mundo de las letras y las ciencias. El talante ecuménico de Francisco, su voluntad de diálogo frente a otras religiones y su voluntad de ayuda a los pobres, sin duda marcarán el tercer pontificado del siglo XXI y del nuevo milenio.

Las palabras del Jorge Mario en sus primeras declaraciones no pueden ser más contundentes:

> En la elección yo tenía al lado mío al arzobispo de San Pablo. Cuando la cosa se convirtió en peligrosa él me consolaba y, cuando los votos llegaron a dos tercios, él me abrazó y me dijo «no te olvides de los pobres». En relación con los pobres pensé en San Francisco de Asís, luego en las guerras, y Francisco es el nombre de la paz. Es Francisco de Asís, el hombre de la paz. El hombre que custodia lo creado, a la gente pobre.[2]

¿Será Francisco el papa de los pobres?

PARTE I

El día de primavera que cambió mi vida

Capítulo 1

El idioma de sus recuerdos: una familia de emigrantes italianos

> Cuando yo tenía 13 meses, mamá tuvo mi segundo hermano; somos en total cinco. Los abuelos vivían a la vuelta y para ayudar a mamá, mi abuela venía a la mañana a buscarme, me llevaba a su casa y me traía por la tarde. Entre ellos hablaban piamontés y yo lo aprendí. Querían mucho a todos mis hermanos, por supuesto, pero yo tuve el privilegio de participar del idioma de sus recuerdos.[1]

Esta historia comienza en una iglesia en el año 1934, exactamente en el oratorio salesiano de San Antonio, el barrio porteño de Almagro. Un joven de origen italiano llamado Mario José Bergoglio y una joven llamada Regina María Sívori, también de origen italiano, se miraron discretamente mientras el sacerdote celebraba la misa y, como si de un hecho premonitorio se tratara, un año más tarde, aquella pareja se casaba para formar la familia de la que nacerían cinco hijos, cuyo primogénito sería el futuro papa Francisco.

Mario José Bergoglio provenía de una familia piamontesa bien situada. Su padre regentaba una confitería en Portacomaro, en el norte de Italia. Europa todavía intentaba cerrar las heridas de la Primera Guerra Mundial y una fuerte crisis económica estaba a punto de desatarse a lo largo y ancho del mundo.

Los Bergoglio tomaron a finales de 1928 un barco llamado Giulio Cesare y, en una calurosa mañana de enero de 1929, desde el navío avistaron el puerto de Buenos Aires. El abuelo de Jorge Mario deseaba reencontrarse con sus tres hermanos, que desde 1922 habían formado una empresa de pavimentos en Paraná.

El comienzo en Argentina no podía ser más prometedor. La recién llegada familia se instaló en el Palacio Bergoglio, una suntuosa residencia de cuatro plantas, que poseía el único ascensor de la ciudad. La familia de inmigrantes se instaló en una de las plantas y comenzaron a trabajar en el negocio familiar.

La crisis del 1929 tardó en sacudir a la próspera Argentina, pero, en el año 1932, los Bergoglio tuvieron que vender la residencia de la familia. Uno de los hermanos del abuelo se fue a Brasil a buscar fortuna y otro murió de cáncer. Mientras el abuelo intentaba salir a flote, su padre debió buscar trabajo en otra empresa. Al final, el padre de Jorge Mario consiguió trabajo de contador en una nueva empresa.

Una vida tranquila

Jorge Mario Bergoglio no tuvo que vivir esos duros años de crisis, nació en 1936, cuando el mundo parecía recuperarse levemente del Crack del 1929, pero un nuevo fantasma asomaba a la escena internacional, el nazismo.

El primogénito de la pareja, como ya hemos mencionado en la cabecera de este capítulo, fue criado por su abuela. De ella tiene un grato recuerdo. Ella logró inculcar en su nieto el espíritu piamontés de la familia, devolviendo al niño emigrante sus raíces italianas.

La familia del papa era sencilla, pero nunca pasó muchas estrecheces. Sus padres jugaban con los cinco hijos a los naipes y su padre les llevaba a ver los partidos de baloncesto en los que participaba en el club de San Lorenzo. Su madre les aficionó a la ópera; los sábados por la tarde oían todos juntos la Radio del Estado y Regina parecía flotar, mientras sus hijos la miraban extasiados.

El padre del futuro papa también cocinaba. Su esposa había sufrido una parálisis tras su quinto parto y Mario José tenía que prepararles la comida. Mientras su madre dictaba a su padre la forma de cocinar la rica comida italiana, el resto de sus hijos tomaba nota de las recetas y todos ellos aprendieron a preparar algunos platos. El propio Jorge Mario tuvo que convertirse en cocinero improvisado mientras vivía en el colegio Máximo, de San Miguel, cocinando todos domingos para los estudiantes.

Manos a la obra

A pesar de que la familia Bergoglio tenía una situación económica holgada, su padre pensaba que era mejor que el joven Jorge Mario aprendiera el valor del esfuerzo y el sacrificio. Por eso, cuando terminó la escuela primaria le recomendó que buscara un trabajo. Era un trabajo de verano, para las vacaciones, pero el padre tenía interés en que comenzara a trabajar y supiera lo que era ganarse la vida.[2]

La propuesta de su padre dejó al joven sorprendido, su familia no podía darse algunos caprichos, como tener automóvil o ir de vacaciones, pero no necesitaban un sueldo más.

Jorge Mario dedicó un par de años a limpiar las oficinas donde su padre trabajaba de contador. Al tercer año, comenzó a trabajar de administrativo y en el cuarto tuvo que compaginar las horas de trabajo con el colegio industrial y las horas de laboratorio. El joven estudiante se pasaba desde las 7 de la mañana hasta las 13 horas en la oficina, corría hasta el colegio industrial, comía a toda prisa y no regresaba a casa hasta terminar sus clases a las 20 horas.

Aquella experiencia curtió al joven, que siendo ya cardenal cuenta de lo que aprendió durante aquellos años. Bergoglio siempre se ha sentido agradecido a su padre. Desde muy joven pensó que era de las mejores cosas que le habían pasado en la vida. En su etapa de prácticas en el laboratorio supo lo bueno y lo malo que tiene el desarrollo de cualquier actividad y el trato con las personas.[3]

El valor del trabajo fue una de las lecciones aprendidas por aquel adolescente argentino. La ética del esfuerzo de Francisco le ha convertido en un hombre infatigable. Él mismo reflexiona sobre los valores de la actividad laboral y concluye que valores como el de la dignidad, que no tiene nada que ver con de dónde procede uno, ni con su clase ni con la formación académica. Ese tipo de dignidad, piensa Bergoglio, únicamente viene del trabajo. La comida que comemos, el poder mantener con nuestro esfuerzo a nuestra familia, sin importar si el sueldo es alto o bajo. Hay personas que disfrutan de grandes fortunas, piensa Bergoglio, pero, si no tienen un trabajo al que dedicarse, se arriesgan a que su dignidad como seres humanos se venga abajo.[4]

Esta «ética del trabajo» del papa Francisco nos recuerda más a la «ética protestante del trabajo», recogida por Max Weber en su famoso libro.[5]

Algunos amigos y compañeros del colegio del barrio porteño de Flores recuerdan a Jorge Mario como un niño inquieto y estudioso.

Amalia, una de sus amigas de la infancia y tal vez su primera novia cuando tenían doce o trece años, comentó a varios periodistas, que el jovencito Jorge Mario le llegó a pedir en matrimonio.[6] Amalia comenta que el joven le dijo que si no se casaba con ella se haría cura.

Susana Burel, una de sus vecinas, comentaba a la Agencia Efe que «era muy inquieto y estudioso y se crió en entorno familiar bueno, y eso es fundamental, la familia es muy importante».[7]

Cerca del colegio público «Antonio Cerviño», en el que estudió Jorge Mario Bergoglio, y donde fue un alumno modelo, está la parroquia de Santa Francisca Javier Cabrini, donde el futuro papa ofició la primera misa, mientras era vicario zonal en su barrio de Flores.

Los primeros años de Jorge Mario fueron tranquilos y sencillos, como los de cualquier joven porteño de la década de los años cincuenta. El mundo parecía que superaba lentamente la Segunda Guerra Mundial, pero la Guerra Fría estaba en pleno auge. Juan Domingo Perón gobernaba la próspera Argentina, que gracias a la Segunda Guerra Mundial había logrado recuperar su actividad comercial e industrial. La capital argentina se embellecía hasta convertirse en el Gran Buenos Aires, uno de los jóvenes aturdidos que caminaban por la ciudad, con el corazón dividido entre una «piba» y su vocación sacerdotal, estaba a punto de cambiar la historia, pero sin saberlo.

Capítulo 2

El Día de la Primavera: vocación y entrega

> En esta confesión me pasó algo raro, no sé qué fue, pero me cambió la vida; yo diría que me sorprendieron con la guardia baja [...] Fue la sorpresa, el estupor de un encuentro, me di cuenta de que me estaban esperando. Eso es la experiencia religiosa: el estupor de encontrarse con alguien que te está esperando. Desde ese momento para mí, Dios es el que te «primerea».[1]

La fiesta del Día de Primavera continúa siendo un día muy celebrado en Argentina. Aquella tarde de 1953, Jorge Mario Bergoglio se acicaló un poco más de lo normal, tenía que ver a su novia, pero en el camino le asaltó la inquietud, alguna idea debió de cruzar su mente para que el joven se detuviera en la parroquia de San José de Flores y decidiera confesarse.

La breve charla entre el sacerdote y el joven hizo que este último diera un giro radical a su vida. La elección del sacerdocio no debe de ser fácil, el joven tiene que abandonar toda su vida y renunciar a formar una familia. Jorge Mario Bergoglio contaba apenas diecisiete años y tenía novia. Su futuro era prometedor y podía ser un buen católico sin convertirse en sacerdote, pero aquella luminosa tarde de primavera sintió lo que él mismo denomina «un llamado».

Las palabras que utiliza el propio papa Francisco para definir lo que es un llamado espiritual son realmente hermosas:

> Dios es el que te «primerea». Uno lo está buscando, pero Él te busca primero. Uno quiere encontrarlo, pero Él nos encuentra primero.[2]

El papa Francisco siempre ha hablado de este encuentro inesperado con Dios. En el libro escrito a media voz con el rabino Abraham Skorka, el propio pontífice dice sobre la vocación religiosa que Dios es el que nos convoca. Nos toca con su mano y todo cambia de repente.[3]

Al poco tiempo, Jorge Mario Bergoglio dejó a su novia. Sabía que Dios le llamaba a una misión y que su vida tenía que cambiar. Se tomó su tiempo antes de entrar en el seminario, quería estar seguro.

Cuando les contó la decisión a sus padres, se sorprendió al ver que, mientras que su padre le apoyaba, su madre no estaba de acuerdo. A pesar de todo siguió adelante.

Su madre le pidió que terminara la carrera, él era el mayor de los hermanos. Su padre fue el primero en saberlo y le apoyó incondicionalmente. Su madre sentía que perdía un hijo para siempre y eso le atormentaba.

La abuela, que era la que realmente había criado al joven Jorge Mario, fue mucho más comprensiva. El papa Francisco recuerda sus palabras:

> Bueno, si Dios te llama, bendito sea [...] Por favor, no te olvides que las puertas de esta casa están siempre abiertas y que nadie te va a reprochar si decidís volver.[4]

Su abuela fue un ejemplo en ese sentido. Con su consejo le ayudó a apoyar y aceptar las decisiones trascendentales de las personas que le pedían consejo.

Antes de entrar en el seminario, Bergoglio terminó sus estudios y sus prácticas en el laboratorio. No contó nada de su vocación a la gente de su entorno, seguía madurando la idea en su interior. Aunque poco a poco comenzó a aislarse, como si necesitara esa soledad elegida para aclarar sus ideas.

Aquellos cuatro años antes de entrar en el seminario fueron para Jorge Mario como un tiempo de reflexión. En ellos se formó su identidad política y pudo profundizar en algunas cuestiones culturales que le interesaban. Cuando dio el paso, ya había experimentado lo que era la vida fuera del servicio religioso y tenía con qué comparar su vida dentro de la Iglesia Católica. Algunos han comentado que en esta etapa incluso coqueteó con la política y militó en las juventudes peronistas, que eran parecidas en muchos sentidos a la juventudes fascistas italianas, pero nunca ha habido pruebas que lo demuestren.

La decisión

A los veintiún años de edad, Jorge Mario tomó la decisión de entrar en el seminario y optó por la orden de los jesuitas.

El joven pasó primero por el seminario arquidiocesano de Buenos Aires, pero al final le atrajo más el seminario de la Compañía de Jesús. Aunque nos detendremos en la tercera parte de este libro y hablaremos ampliamente sobre la Compañía de Jesús, no podemos dejar de comentar el inmenso poder y prestigio que ha tenido siempre en América. Los seguidores de San Ignacio de Loyola fueron el ejército del papa para frenar la Reforma Protestante en Europa y una fuerza evangelizadora tremenda en Asia y América. Aquel pequeño grupo de sacerdotes, que buscaban en la experiencia espiritual personal a través de sus famosos Ejercicios Espirituales, un encuentro personal con Dios, terminó siendo la élite cultural y la vanguardia del papa, al que siempre han debido obediencia absoluta.

Jorge Mario Bergoglio reconoció que lo que más le atrajo de la Compañía de Jesús fue su disciplina. Al principio no sabía a qué orden o en qué seminario estudiar. Tenía clara su vocación religiosa y lo demás le daba igual. La Compañía se Jesús le parecía un grupo de gente muy disciplinada, pero sobre todo les veía como la vanguardia de la Iglesia Católica, gente muy preparada y esforzada. También le atrajo la vocación misionera de los jesuitas. En aquel momento, Bergoglio pensaba en ir a las misiones, sobre todo a Japón y en Asia los padres de la Compañía de Jesús siempre han tenido una extensa obra misionera. Al final no pudo ser misionero, desde joven padecía una enfermedad pulmonar que le incapacitaba. Tal vez de haberlo conseguido hoy no sería papa.[5]

Los primeros años en el seminario fueron duros para el joven Jorge Mario, su madre no le acompañó cuando ingresó el primer año. Después se acostumbró a la vocación de su hijo, pero desde la distancia. Cuando por fin fue ordenado sacerdote, su madre acudió a la ordenación y, al finalizar la ceremonia, le pidió su bendición de rodillas.

A pesar de todo, según cuenta Jorge Mario Bergoglio al periodista Sergio Rubin, cuando Dios llama es irresistible:

> La vocación religiosa es una llamada de Dios ante un corazón que la está esperando consciente o inconscientemente. A mí siempre me impresionó una lectura del breviario que dice que Jesús lo miró a Mateo en una actitud que, traducida, sería algo así como «misericordiando» y eligiendo. Esa fue, precisamente la manera que yo sentí que Dios me miró durante aquella confesión. Y esa es la manera con la que siempre me pide que mire a los demás: con mucha misericordia y como si estuviera eligiéndoles para Él; no excluyendo a nadie porque todos son elegidos para amar a Dios. «Misericordiándolo y eligiéndolo» fue el lema de mi consagración como obispo y es uno de los pivotes de mi experiencia religiosa.[6]

Otra de las ideas sobre esa vocación o llamamiento de Dios, es la que el papa Francisco ve en las profecías de Jeremías y su vara de almendro, la primera en florecer en la Primavera, o, en las palabras del apóstol Juan: «Dios nos amó primero, en eso consiste el amor, en que Dios nos amó primero».[7]

Bergoglio llegó a esa comprensión de Dios porque buscó remansos en los que descansar. Para encontrar a Dios hay que detenerse y escuchar. No hay otra manera.

Curiosamente, para el papa Francisco, la oración, no es ni mucho menos una forma de pedir cosas a Dios, es ante todo una manera de claudicación. Cuando declaramos nuestra impotencia es cuando Dios actúa.

La formación

Jorge Mario Bergoglio ha tenido siempre una relación estrecha con el conocimiento. Su formación es muy completa, ya que es, en cierto sentido, al mismo tiempo un hombre de letras y de ciencias. Él ha sido alumno, pero también un severo profesor.

Al comenzar su carrera eclesiástica, Bergoglio tuvo que pasar una dura lección, tal vez la más dura de todas, la del dolor.

Durante una enfermedad larga y dolorosa, con fiebres altísimas, temiendo la muerte, se aferraba Jorge Mario a su madre y con voz temerosa le preguntaba qué era lo que le sucedía. El médico no sabía lo que tenía, por eso ella no podía responder la ansiada pregunta de su hijo.

Muchas veces ante el dolor nos preguntamos por qué. ¿Por qué debo sufrir? ¿Por qué debo morir? ¿Por qué murieron aquellas personas que tanto amaba y lo hicieron de una manera tan brutal? Pero la respuesta de Dios parece estar más centrada en el para qué que en el por qué.

Es como si el hombre quisiera descubrir la causa que produce el dolor y Dios estuviera más interesado en el efecto, en la reacción del hombre frente al dolor.

Jorge Mario sufría dolores tremendos, absolutamente insoportables, tenía veintiún años, era joven y fuerte, sentía la vocación de Dios, pero ese mismo Dios parecía haberle arrojado a una cama de dolor.

Bergoglio decía que la gente que pasaba a verle al hospital le decía que las cosas irían mejor, que pasarían, pero eso no terminaba de consolarlo. Hasta que una monja que el joven conocía desde niño le dijo algo que vino a aquietar su alma y su cuerpo enfermos. Aquella monja sencilla le explicó que el sufrimiento nos hace entender a Jesús y su obra en la Cruz. Cristo vino a sufrir por el hombre y a través del dolor, en muchas ocasiones nos encontramos con él.[8]

Jorge Mario había aprendido la lección más importante de su vida. El dolor y el sufrimiento nos acercan a Dios, porque Dios mismo sufrió encarnado en Jesucristo. ¿Cómo pedir una vida sin sufrimiento a un Dios que sufre por los demás?

Su limitación física le acompañó el resto de su vida y terminó con su sueño de misionero en el Japón, pero le enseñó un camino que de otra manera nunca hubiera transitado. Él lo expresa con estas palabras:

> El dolor no es una virtud en sí mismo, pero sí puede ser virtuoso el modo en el que se le asume. Nuestra vocación es la plenitud y la felicidad y, en esa búsqueda, el dolor es un límite. Por eso, el sentido del dolor, uno lo entiende en plenitud a través del dolor de Dios hecho en Cristo.[9]

Estas palabras parecen extemporáneas. Vivimos una sociedad hedonista en la que el placer parece ser la única meta del ser humano. El hombre actual se anestesia constantemente, pero no solo del dolor físico, sino también del emocional. La realidad es que cuando perdemos la capacidad del dolor y el sufrimiento dejamos de ser humanos. Esa tal vez sea una de las grandes enseñanzas del cristianismo, aunque posiblemente sea de las que menos se predique.

La otra gran lección que el papa Francisco aprendió fue no quedarse en el dolor, ya que, después del dolor, el cristiano sufre el mismo proceso de resurrección que tuvo Cristo en la cruz. Jorge Mario define el dolor como la semilla de la resurrección. El dolor por sí mismo no sirve para mucho, pero el sufrimiento de Jesús en la Cruz tiene el sentido de esperanza. Por eso, según Bergoglio, el sufrimiento sin una idea de trascendencia es tan desesperante.[10]

Los estudios teológicos que realizó le enseñaron a construir esta experiencia, porque la teología pone en orden todas las cosas, pero la teología no nos da la experiencia.

Primero estudió en el Seminario Jesuita de Santiago de Chile, que estaba en la antigua casa de retiro de San Alberto Hurtado. Este lugar era un sitio especial para los jesuitas. San Alberto Hurtado había sido un jesuita chileno, que fundó el Hogar de Cristo. Este hombre, además de ser un jesuita reconocido, dedicó su vida a mejorar la situación de los obreros chilenos. Su director espiritual, el jesuita Fernando Vives, le había enseñado la importancia de la responsabilidad social de los católicos.

San Alberto Hurtado estudió derecho en la Pontificia Universidad Católica de Chile y después entró en política, perteneciendo al Partido Conservador. Dedicó buena parte de su vida a los jóvenes y terminaría fundando un sindicato llamado Acción Sindical y Económica Chilena, al que algunos tildaron de comunista. El gobierno chileno declaró el día de su muerte como Día de la Solidaridad y Juan Pablo II lo beatificó en el año 1994.

Jorge Mario Bergoglio estudió en esta institución dedicada y fundada por San Alberto Hurtado, lo que influyó necesariamente en su acercamiento a los pobres y la justicia social.

En el Seminario de Santiago de Chile, el futuro papa aprendería Ciencias Clásicas, lo que llevaría a realizar estudios de latín, historia, griego y literatura.

Tras su paso por el seminario y su ordenación como sacerdote, viajó a España para continuar estudios en Alcalá de Henares. Por último estudió teología entre los años 1967 y 1970.

Bergoglio compaginó buena parte de sus estudios con la enseñanza. Entre los años 1964 y 1965, fue profesor de literatura y filosofía en el Colegio de la Inmaculada de Santa Fe y en el año 1966 enseñó las mismas asignaturas en el Colegio del Salvador de Buenos Aires.

De su etapa como educador, uno de sus alumnos cuenta una historia sobre lo estricto que podía llegar a ser. El alumno Jorge Milia habla en su libro de una ocasión en la que no había realizado una tarea obligatoria y el por entonces joven profesor jesuita sacó al estudiante para que explicara la lección. Jorge Milia cuenta:

> «Vas a hablar de toda la materia», le dijo el profesor. «Lo van a crucificar», se escuchó que decía un compañero. El alumno hizo una gran exposición, pero todos temían que aquello no hubiera sido suficiente para contentar a Jorge Mario Bergoglio, que se tomaba muy en serio lo de ser profesor. Al final Bergoglio le dijo: «La nota que le correspondería es un diez, pero debemos ponerle un nueve, no para amonestarlo, sino para que se acuerde siempre de que lo que cuenta es el deber cumplido día a día; el realizar el trabajo sistemático, sin permitir que se convierta en rutina; el construir ladrillo a ladrillo, más que el rapto improvisador que tanto le seduce.[11]

La filosofía educativa del esfuerzo define muy bien al nuevo papa Francisco. No es tan importante el resultado final como el proceso, que nos lleva a ese resultado. Si no somos capaces de crear buenos hábitos, no importa que logremos cosas en la vida.

El papa Francisco habla de un famoso y rico empresario argentino con el que coincidió en un vuelo. Al llegar al aeropuerto se demoraban las maletas y aquel hombre de éxito comenzó a enojarse y gritar, que no sabían quién era él y que no le podían tratar como un cualquiera. Bergoglio comentaba que un hombre que ha conseguido mucho en la vida, pero que no logra controlarse a sí mismo, ya ha perdido toda autoridad moral sobre los demás.[12] Sin duda, el nuevo papa será un hombre controlado, que pacientemente consigue lo que busca, pero sin saltarse nunca los procesos y las normas.

Cómo se forma a un jesuita

Su formación jesuítica tiene que ver mucho con esto. En el libro hecho a medias con su amigo el rabino Skorka, Bergoglio define los cuatro pilares de la formación de los seminaristas católicos, especialmente de los jesuitas.

El papa Francisco habla de cuatro pilares. El primero sobre el que se construye al sacerdote y al religioso es la vida espiritual. Para él el pilar principal de la vida espiritual de un aspirante a sacerdote es la oración. Bergoglio lo llama dialogar con Dios en el mundo interior. Los sacerdotes en su primer año de formación deben desarrollar esta habilidad de la oración. La base del seminarista es la oración y durante el primer año la intensidad se centra en ese tema, después las cosas cambian y se añaden nuevas habilidades.[13]

La vida espiritual es el centro sobre el que pivota la del sacerdote. Eso lo tiene muy claro Bergoglio, que es un hombre de oración, pero con este primer pilar, el papa Francisco está hablando de crear hábitos que ayuden al sacerdote durante todo su ministerio, no meros principios o conocimientos teológicos.

El segundo pilar que comenta Bergoglio es el de la vida comunitaria. El hombre es un ser social y los que además van a servir a la sociedad y la Iglesia deben crear también la empatía suficiente para ponerse en el lugar de su prójimo y vivir con él y para él.

El pilar de la vida comunitaria también es muy importante en los seminarios católicos. El servicio siempre es en comunidad, nunca en solitario. El amor es muy importante en la vida del seminarista, también el saber integrarse en una comunidad, ya que después él deberá llevar también la comunidad de Dios. Los seminarios cumplen esa labor de comunidad de ensayo. En los seminarios el futuro sacerdote ensaya con las pasiones humanas, desde los celos o la competencia, hasta los mal entendidos. Las relaciones ayudan a pulir el corazón y pensar más en el otro que en uno mismo.[14]

El sacerdote y el seminarista tienen que aprender a convivir y crear esos hábitos de comunión. Los sacerdotes dirigirán parroquias y han de saber resolver conflictos y aprender a negociar con otros. El cristianismo ha sido desde el principio vida comunitaria. Desde el libro de los Hechos de los Apóstoles a las comunidades de base en las parroquias actuales o las iglesias evangélicas en las que todos se conocen y se prestan ayuda.

Bergoglio en ningún momento idealiza el seminario ni el sacerdocio. Los seminaristas son hombres con pasiones y debilidades de hombres, por eso es normal que todo eso salga en la convivencia. Por eso el segundo pilar de la formación jesuítica es la convivencia y la vida comunitaria como un hábito para el ministerio pastoral.

El tercer pilar del que habla Jorge Mario Bergoglio es el de la vida intelectual. Puede que sea este el que más valore la sociedad actual, pero el papa Francisco lo pone en tercer lugar. Durante seis años, los seminaristas tendrán que estudiar teología, cómo se explica Dios, la Trinidad, Jesús, los sacramentos. Pero también el contenido de la Biblia y la teología moral. Los dos primeros años se estudia filosofía, para poder entender mejor la teología del resto de la época de formación.

El cuarto pilar que menciona Bergoglio es la vida apostólica. Para aprender a pastorear, los seminaristas van los fines de semana a una parroquia, para ayudar al párroco y aprender de él. El último año de seminario viven en la parroquia. Ese año de prueba es en el que los supervisores observan las virtudes y defectos del nuevo candidato a sacerdote.

Estos cuatro pilares forman sacerdotes, pero en cierto sentido deben ser la vivencia de todo cristiano. Vida espiritual, vida comunitaria, formación intelectual y ministerio son las bases de una vida de fe.

A pesar de que para ser sacerdote no se necesita un título universitario, es muy raro encontrar a un jesuita que no lo tenga. Por un lado, por su vocación docente, suelen dedicar buena parte de su vida a la educación, pero sobre todo porque los jesuitas siempre han sido la élite de la Iglesia Católica, en especial en el ámbito de la apologética.

El papa Francisco es un hombre de una amplia formación con sus estudios en Química, su formación en el seminario, completados por el estudio de Humanidades en Chile y su licenciatura en esta materia por el Colegio Mayor de San José. Licenciado también en Teología y profesor durante muchos años en diferentes materias.

En Alemania concluyó su tesis doctoral. Durante seis años, de 1980 a 1986, fue rector del Colegio Máximo y de la Facultad de Filosofía y Teología de la Casa San Miguel. Su sólida formación y servicio se complementaría años más tarde con su labor en diferentes cargos de la Iglesia Católica en Argentina.

Capítulo 3

Los duros días de la dictadura

> Todos somos animales políticos, en el sentido mayúsculo de la palabra política. Todos estamos llamados a una acción política de construcción de nuestro pueblo.[1]

El siglo XX en Argentina, como en muchas de las naciones de América Latina, está marcado por la dictadura. Los golpes militares y la irrupción del ejército en la vida civil, en especial cuando se daba de forma violenta, fueron constantes.

La primera dictadura del siglo XX en Argentina fue la del dictador Uriburu, al comienzo de los años treinta, a la que siguió una fuerte crisis económica. En el año 1943, la autodenominada Revolución del 43, fue otro golpe de estado orquestado por la cúpula militar. Esta dictadura terminaría con la llegada al poder de Juan Domingo Perón, posiblemente el hombre más famoso de la política argentina.

El peronismo fue un fenómeno político que perduró en el tiempo casi todo el siglo XX, mutando en diferentes formas de gobierno y políticas sociales. Este movimiento siempre ha tenido un claro enfoque populista y una amplia base social entre la gente más humilde. La llegada a la política de la mujer de Perón, Eva, permitió a las mujeres argentinas entrar en política y ser más visibles en la sociedad.

En el año 1962 se produjo un nuevo golpe de estado con la dictadura de José María Guido. En este caso se dio la excepción de que el golpe estuvo dirigido por un civil y no por un militar. Al final, esta dictadura desapareció tras un nuevo levantamiento militar.

Apenas cuatro años más tarde, se produce un nuevo golpe de estado por el militar Juan Carlos Onganía. Se le denominó también Revolución Argentina, pero la peor de las dictaduras y que más terminó por marcar a los argentinos fue la que se inició en 1975 con el autodenominado Proceso de Reorganización Nacional.

El golpe de estado del 24 de marzo de 1976, que derrocó al gobierno de María Estela Martínez de Perón, dio lugar a un régimen que duró siete años, que fueron de una represión y crueldad nunca vista antes en la Argentina.

El secuestro y asesinato de disidentes fue una práctica habitual de la dictadura, también el robo sistemático de los niños nacidos de las presas y su entrega a familias del régimen. Jorge Rafael Videla y sus secuaces, en nombre del liberalismo y contra el comunismo, impusieron un verdadero estado de terror.

El régimen dictatorial tuvo un fuerte apoyo en la Iglesia Católica del momento, aunque uno de los grupos más beligerantes contra la dictadura fue la Compañía de Jesús.

Curiosamente, ya hemos comentado que la Compañía de Jesús en Chile, pero también en Argentina y otros países de América Latina, comenzó una deriva izquierdista que le llevó hasta posturas revolucionarias y de lucha social. La obra de San Alberto Hurtado en Chile, que ya hemos mencionado brevemente, condujo a la Compañía de Jesús a un posicionamiento cada vez más dirigido a los pobres y a la lucha obrera.

En el año 1954, el papa Pío XII pidió a todos los sacerdotes obreros que volvieran a las parroquias y dejaran su militancia política.[2] A pesar de todo, eso no impidió que poco tiempo después naciera la llamada Teología de la Liberación. Esta, que se nutrió de esos movimientos de base de la Iglesia Católica que deseaban una sociedad más justa, tuvo su origen en Brasil. En el año 1957 arrancó el movimiento de concienciación en Brasil, los sacerdotes comenzaron a alfabetizar educando políticamente a las clases más desfavorecidas. En Brasil nació en el año 1965 el llamado Primer Plan Pastoral Nacional.

La llegada en este momento de evolución política de dos sacerdotes europeos a Brasil fue determinante para que comenzara la llamada Teología de la Liberación. Eran Emmanuel Suhard, de origen francés, y el dominico Jacques Loew. Los sacerdotes comenzaron a trabajar en las fábricas para ver cómo era la vida de los obreros.

La ideología de la Teología de Liberación tenía como principios básicos la opción preferencial por los pobres, la unión de la salvación cristiana con la liberación social y económica, la eliminación de la explotación, entre otras ideas.

En el momento de producirse la dictadura militar, en 1976, Jorge Mario Bergoglio era ya Superior Provincial de la Compañía de Jesús en Argentina. Este es un cargo nombrado directamente por el Superior General de la Compañía de Jesús. Solo se ostenta unos años y su poder sobre las personas a su cargo es similar al de obispo, dentro de la jerarquía de la Iglesia Católica.

Las funciones de un Superior Provincial de los jesuitas es visitar a los miembros, convocar y presidir el Capítulo Provincial. Jorge Mario Bergoglio ejerció el cargo durante los años más duros de la dictadura, en cuyo periodo desaparecieron dos jesuitas y un seglar.

Cuando el régimen comenzó en 1976, Bergoglio pidió a dos de los jesuitas más activos en la lucha de clases, Orlando Yorio y Francisco Jalics, que dejaran su trabajo en las barriadas de los pobres. Estos hermanos jesuitas se negaron a aceptar las órdenes de su superior.

Bergoglio, al igual que algunos cargos de la Compañía de Jesús, no estaba muy de acuerdo con el movimiento de la Teología de la Liberación y ante la desobediencia de los dos religiosos, comunicó al gobierno militar que estas dos personas quedaban fuera del amparo de la Iglesia Católica.

Los militares aprovecharían esta circunstancia para secuestrar a los dos religiosos. En cierto sentido, al desproteger a sus compañeros jesuitas, los estaba dejando en manos del aparato represor del régimen.

En otros casos, se llegó a acusar a Bergoglio de estrechos lazos con algunos de los miembros de la Junta Militar. Es muy interesante, que en el libro *El jesuita*, el entonces cardenal de Argentina accediera a hablar abiertamente del tema.

El papa Francisco habla sobre su ayuda y apoyo a varios religiosos durante la dictadura de Videla. Jorge Mario comenta que en el colegio Máximo de la Compañía de Jesús ocultó a varios religiosos:

> Escondí a unos cuantos, no recuerdo exactamente el número, pero fueron varios. Luego de la muerte de monseñor Enrique Angelelli (el obispo de la Rioja que se caracterizó por su compromiso con los pobres), cobijé en el colegio Máximo a tres seminaristas de sus diócesis que estudiaban teología.[3]

En otro caso, Bergoglio relata cómo ayudó a un joven con su documento de identidad para escapar. También abogó por varias personas secuestradas, al menos en dos ocasiones, frente al dictador Videla y al almirante Emilio Massera. Al parecer, antes de la conversación con Videla, Jorge Mario habló con su capellán, para que le ayudara a persuadir al general. Por eso le pidió al capellán que fingiera estar enfermo, para ir él a dar la misa. Tras el oficio con la familia de Videla, Bergoglio pidió hablar con él. Parece ser que intercedió por algunos de los religiosos encerrados. También intervino en el intento de búsqueda de otro muchacho en la base aeronáutica de San Miguel.[4]

El papa Francisco relata al entrevistador uno de los casos que más recuerda:

Recuerdo una reunión con una señora que me trajo Esther Belestrino de Careaga, aquella mujer que, como antes conté, fue jefa mía en el laboratorio, que tanto me enseñó de política, luego secuestrada y asesinada y hoy enterrada en la iglesia porteña de Santa Cruz. La señora oriunda de Avellaneda, en el gran Buenos Aires, tenía dos hijos jóvenes con dos o tres años de casados, ambos delegados obreros de militancia comunista, que habían sido secuestrados. Viuda, los dos chicos eran lo único que tenía en su vida. ¡Cómo lloraba esa mujer! Esa imagen no me la olvidaré nunca. Yo hice algunas averiguaciones que no me llevaron a ninguna parte y, con frecuencia, me reprocho no haber hecho lo suficiente.[5]

Tal vez esa sea la gran pregunta: ¿hizo Bergoglio lo suficiente? Aunque tampoco está de más que nos preguntemos: ¿qué hubiéramos hecho nosotros al ver peligrar nuestra propia vida?

El sacerdote relata otro de los casos en los que intervino, esta vez consiguiendo algún resultado positivo, en favor de un joven que fue liberado tras una intercesión suya.[6]

Bergoglio intentó ayudar a algunos religiosos, aunque no lo difundió, a pesar de las acusaciones que se vertieron sobre él de colaboracionismo con la dictadura. Pero, ¿esto es suficiente para exculparle de lo que sucedió con sus dos hermanos jesuitas?

La situación con los dos jesuitas fue difícil. Las congregaciones religiosas son en cierto sentido como familias. Los sacerdotes Pironio, Zazpes y Serra querían abandonar la Compañía de Jesús. Habían realizado un borrador para crear una nueva orden. Le pasaron la copia de esa regla a varios sacerdotes, incluido el padre Bergoglio, que era su superior en aquel momento. También habían enviado una copia al padre superior de los jesuitas, que en aquella época era el padre Arrupe. En cierto sentido, aquellos sacerdotes estaban fuera de la protección de los jesuitas cuando los detuvieron. Además, Bergoglio les había pedido que dejaran esa zona tan peligrosa. Desde los rumores del golpe de estado, él ya se imaginaba cuán dura podía ser la represión. Al parecer, el padre Bergoglio les ofreció incluso que se refugiaran en la casa provincial de la Compañía, pues sabía que allí no iban a ir a buscarles.[7]

Está claro que, ante la primera parte de la respuesta sobre la complicada pregunta del asunto de los jesuitas desaparecidos, Jorge Mario Bergoglio intenta explicar la situación de los dos religiosos y las diferentes opciones que les dieron antes de que salieran de la Compañía.

Los dos jesuitas rechazaron los ofrecimientos, seguramente preferían ponerse en peligro que abandonar a sus feligreses, aunque esto al final les llegara a costar la vida.

Al parecer, el futuro papa Francisco llegó a interceder por ellos, una vez que fueron secuestrados, en dos ocasiones, las dos que mencionó anteriormente, una ante Videla y la otra ante Massera.

La detención se produjo en el barrio Rivadavia del Bajo Flores. Bergoglio nunca creyó que aquellos hombres estuvieran involucrados en nada subversivo, simplemente cuidaban de los pobres. Aunque, para sus perseguidores, cualquiera que viviera en esas barriadas era peligroso. Estos jesuitas se relacionaban con otros sacerdotes de las barriadas que sí estaban más integrados en la lucha obrera y eso les ponía en peligro. Las dictaduras no saben distinguir los matices, simplemente eliminan todo aquello que les parece sospechoso. Los dos sacerdotes, Yorio y Jalics, fueron secuestrados, como se temía Bergoglio. Al final, los militares los liberaron, al no poder demostrar nada. Toda la Compañía de Jesús se movilizó para su liberación, según cuenta en la entrevista concedida en el libro *El jesuita*.[8]

Algunos acusaron a Bergoglio de ser muy cercano a la ideología de los golpistas y favorecer el secuestro de los religiosos, al quitarles el amparo de la Compañía de Jesús, aunque él siempre ha negado estos cargos.

Una de las personas que ha avalado la lucha de Bergoglio a favor de los secuestrados es la doctora Alicia Oliveira, jueza penal de Buenos Aires. Ella misma testificó que el sacerdote fue a verla en 1974 o 1975 por uno de estos casos que él intentaba defender:

> Recuerdo que Bergoglio vino a verme por un problema de un tercero, allá por 1974 o 1975, empezamos a charlar y se generó una empatía [...] En una de esas charlas hablamos de la inminencia del golpe. Él era un provincial de los jesuitas y, seguramente, estaba más informado que yo [...] Bergoglio estaba muy preocupado por lo que presentía que sobrevendría y, como sabía de mi compromiso con los derechos humanos, temía por mi vida. Llegó a sugerirme que me fuera a vivir durante un tiempo al colegio Máximo. Pero yo no acepté y le contesté con una humorada completamente desafortunada frente a todo lo que después pasó en el país: prefiero que me agarren los militares a tener que ir a vivir con los curas.[9]

El Premio Nobel de la Paz, el argentino Adolfo Pérez Esquivel, rechazó tajantemente las acusaciones contra el papa en una entrevista televisiva de la BBC británica: «Hubo obispos que fueron cómplices de la dictadura argentina, pero Bergoglio no».[10]

Las pruebas parecen contundentes y hay otras muchas de personas que atestiguaron ser protegidas por él durante el régimen. La dictadura de los años setenta en Argentina constituyó un triste episodio de la crueldad y destrucción que pueden producir algunas personas, incluso algunas veces en nombre de la religión.

El mismo Bergoglio condena esa idea tan extendida de matar por la religión. Para él, matar en nombre de Dios es lo mismo que blasfemar.[11]

Capítulo 4

El ascenso de un hombre humilde

El *best seller* de mi vida lo escribe Dios.[1]

Jorge Mario Bergoglio no parecía el típico religioso que tendría una carrera eclesiástica deslumbrante. Había entrado en el seminario con veintiún años, se convirtió en Superior Provincial de la Compañía de Jesús aproximadamente a los cuarenta. Los jesuitas, hasta no hace mucho, tenían la norma impuesta por su fundador San Ignacio de Loyola de no ocupar sedes episcopales, arzobispados ni convertirse en cardenales, por eso los que entraban en la orden jesuítica sabían que lo máximo que podían aspirar era a ser Superior General de la Compañía de Jesús y, aunque este cargo no es baladí, la Compañía ha influido mucho en Roma a lo largo de la historia, los hombres más ambiciosos de la Iglesia han buscado siempre otros caminos más sencillos.

La carrera eclesiástica de Jorge Mario continuó por los derroteros de la enseñanza en los años ochenta. Entre 1980 y 1986, fue rector del Colegio Máximo y de la Facultad de Filosofía y Teología, mientras seguía ejerciendo como párroco en la parroquia del Patriarca San José, en la Diócesis de San Miguel.

En el año 1986, dejó su querida Argentina para terminar su tesis en Alemania. Al regreso a su patria, Bergoglio fue destinado al Colegio de El Salvador y más tarde a una parroquia de la Compañía en Córdoba, Argentina.

Su etapa en Córdoba fue muy modesta, como lo es la de las personas que simplemente cumplen con su trabajo sin esperar nada a cambio. Bergoglio es un hombre algo tímido, sin histrionismos. Así fue su nombramiento de obispo, que no sucedió hasta la edad de cincuenta y cinco años.

Mientras Bergoglio continuaba con su magisterio y pastorado en Córdoba, el entonces arzobispo de Buenos Aires, cardenal Antonio Quarracino, se fijó en sus cualidades y modestia, escogiéndole para que se integrara en su equipo de colaboradores.

Obispo auxiliar y candidato a arzobispo

Después de un año de servicio al arzobispo de Buenos Aires, Bergoglio se convirtió en el principal de sus colaboradores, confirmando su condición de obispo auxiliar y futuro obispo. Quarracino le nombra vicario general.

El arzobispo Antonio Quarracino, también de origen italiano como Bergoglio, había tenido una trayectoria muy parecida a la suya. Había sido ordenado sacerdote a los 22 años, también se había dedicado a la enseñanza, primero en el Seminario Diocesano de Mercedes y más tarde como profesor de Teología en la Universidad Católica Argentina.

Antonio Quarracino fue nombrado obispo por el papa Juan XXIII en el año 1962. Ostentó el episcopado de Avellaneda. Durante esta etapa estuvo cerca de movimientos reivindicativos de sacerdotes de países del Tercer Mundo, pero con la edad evolucionó hasta posturas menos progresistas.

El papa Juan Pablo II fue el que terminó de posicionarle al mando de la Iglesia Católica de Argentina, promoviéndole primero para la Archidiócesis de la Plata y más tarde, ya en 1990, a la Archidiócesis de Buenos Aires. Tras ser elegido presidente de la Conferencia Episcopal Argentina en el año 1990, fue nombrado cardenal en 1991.

Antonio Quarracino fue uno de los primeros arzobispos en acercarse al judaísmo, pasos que seguiría años más tarde el futuro papa.

Al ser nombrado obispo, en cumplimiento del derecho canónico, debía de ser titular de una diócesis. El primer cargo episcopal que tuvo Bergoglio fue el de la diócesis titular de Oca, sin jurisdicción territorial desde el siglo VII. Dicha sede episcopal debe su nombre a que, cuando tuvo territorio, se encontraba en la población española de Villafranca Montes de Oca, en Burgos.

Ostentó el cargo entre los años 1992 y 1998. Cuando Antonio Quarracino enfermó, fue nombrado obispo coadjutor en el año 1997.

El año 1998 fue de profundos cambios en la vida de Bergoglio. Muy pocos sacerdotes llegan al título de arzobispo, pero muchos menos desde su condición de jesuitas.

La llegada al arzobispado de Buenos Aires no supuso un gran cambio en el funcionamiento de la diócesis, ya que había trabajado en ella por varios años.

Los sacerdotes jóvenes enseguida encajaron con la visión del nuevo arzobispo. El estilo de Bergoglio se hizo notar muy pronto. Era sencillo, campechano, directo y enemigo de fastuosidades. Continuaba con su labor pastoral con los sacerdotes, incluso quedándose a cuidar a alguno de ellos cuando caía enfermo.

El nombramiento de arzobispo tampoco cambió mucho su rutina. Seguía viajando en transporte público, no aceptó vivir en la suntuosa casa arzobispal de Olivos, muy cercana a la quinta de los presidentes. También continuó siendo muy accesible, recibía a todo el mundo y él mismo gestionaba su agenda.

El nuevo arzobispo evitaba las fiestas de beneficencia, las galas y los eventos sociales de la aristocracia. Vestía casi siempre con su traje de sacerdote.

Se cuenta que, cuando le comunicaron que sería propuesto para convertirse en cardenal, en el año 2001, no quiso que le hicieran unas ropas a medida para su nuevo cargo, prefería que le adaptaran las del anterior cardenal. Incluso se negó a que un grupo de fieles le acompañaran a su nombramiento de cardenal en Roma, pidiéndoles que dieran esas ofrendas a los pobres.

Su cercanía con los pobres también es legendaria. En una de sus frecuentes visitas a una de las villas de emergencia de Buenos Aires, en la que visitaba la parroquia de Nuestra Señora de Caacupé, en el barrio de las Barracas, un albañil le dijo:

> Estoy orgulloso de usted, porque cuando venía para acá con mis compañeros en el colectivo lo vi sentado en uno de los últimos asientos, como uno más; se lo dije a ellos pero no me creyeron.[2]

La gente sencilla le sentía como uno más de ellos, por eso muchos le apoyaron cuando la curia contó con él.

A pesar de su mala relación con los grupos de izquierdas de su país, el ya arzobispo de Buenos Aires, al ver cómo la policía arremetía con las víctimas del «corralito» del año 2001, llamó al ministro de Interior para quejarse y le dijo que la policía no podía tratar así a los pobres ahorradores, que únicamente pedían que les dejaran sacar su dinero.

El obispo auxiliar de Buenos Aires habla en una reciente entrevista al diario *El Tiempo* sobre el nuevo papa. Cuenta cómo conoció al papa Francisco:

> Cuando lo nombraron obispo auxiliar en Buenos Aires, yo era sacerdote de la Arquidiócesis. Lo designaron arzobispo y Benedicto XVI me nombró por recomendación de monseñor Bergoglio, obispo auxiliar de Buenos Aires.[3]

El obispo auxiliar narra en la entrevista lo que aprendió del papa Francisco cuando era aún arzobispo de Buenos Aires:

> Decía siempre que cuando uno quiere analizar el centro, si empieza por las periferias recorre todo el camino y conoce a

> sí mucho más la realidad. Siempre habla de las grandes divisiones e injusticias sociales que hay. Eso puede ser un fuerte aporte en la mirada de la Iglesia: mirar desde la periferia hacia el centro.[4]

El obispo no conocía de joven a Bergoglio, pero sabía que había estudiado en un colegio que no era de religiosos, que después estudió en la Universidad y que luego entró en el Seminario de Buenos Aires, en aquella época dirigido por los jesuitas. El obispo auxiliar aseguró en la entrevista que el papa Francisco siempre había tenido el mismo carisma que San Ignacio de Loyola, fundador de la orden.[5]

En el año 2004, Bergoglio fue elegido presidente de la Conferencia Episcopal Argentina y reelegido en el año 2007.

Su línea durante el arzobispado siempre fue moderada y conservadora, pero muy vinculada a los pobres. La crítica a la política y el sistema económico del país a veces le granjeó enemigos y gente que rechazaba su postura y prefería una Iglesia más ajena a lo social. En el discurso de tedeum del 25 de mayo del 2000, en la catedral de Buenos Aires, frente al presidente Francisco De la Rúa, dijo:

> A veces me pregunto si no marchamos, en ciertas circunstancias de la vida de nuestra sociedad, como un triste cortejo, y si no insistimos en ponerle una lápida a nuestra búsqueda como si camináramos a un destino inexorable, enhebrado de imposibles, y nos conformamos con pequeñas ilusiones desprovistas de esperanzas. Debemos de reconocer, con humildad, que el sistema ha caído en un amplio cono de sombra: la sombra de la desconfianza, y que algunas promesas y enunciados suenan a cortejo fúnebre: todos consuelan a los deudos, pero nadie levanta al muerto.[6]

La situación económica y política de Argentina era caótica y la pobreza volvía a crecer, los bancos cerraban las puertas a los clientes y la clase política parecía ausente y conformada con la situación. Que el arzobispo de Buenos Aires fuera tan crítico con esta política no dejó a nadie indiferente.

No todos son tan positivos con el nuevo papa Francisco y antiguo arzobispo de Buenos Aires. Muchos no le perdonan su defensa de la vida contra el aborto, ni sus opiniones sobre el matrimonio homosexual, asunto que le distanció de la familia presidencial, como ya hemos mencionado.

Bergoglio tuvo que testificar en el juicio del año 2010 de crímenes de lesa humanidad cometido en la ESMA (Escuela Superior de Mécanica de la Armada). El arzobispo declaró durante más de cuatro horas sobre la detención de los dos jesuitas que ya hemos mencionado. El papa Francisco también tuvo que declarar ante una denuncia de la Asociación de Abuelas de la Plaza de Mayo, para que declarase sobre la apropiación de varios bebés por parte de los militares argentinos. El caso en el que se le implicaba era el de Ana de la Cuadra, nieta robada de una de las fundadoras y primera presidente de las Abuelas de la Plaza de Mayo. El padre de la joven desaparecida pidió ayuda a Bergoglio por carta. Este siempre adujo que él no tenía ningún cargo de relevancia e hizo lo que pudo.[7]

Sin duda la trayectoria de Jorge Mario Bergoglio desde su vocación aquella tarde de principios de la Primavera, su paso por la enfermedad, el Seminario, la Universidad, la docencia, el doctorado, el episcopado y más tarde el arzobispado, crearon en él un carácter muy definido. Un hombre tenaz, calmado, directo, tímido, pero sobre todo defensor de los pobres. La influencia de las personas que le rodearon, desde su abuela y sus padres, hasta el anterior arzobispo de Buenos Aires, le convirtió en uno de los mejores candidatos para el papado, pero ¿cómo llegó un sencillo jesuita a la curia de Roma? ¿Cuál ha sido el papel de Bergoglio en la Nueva Evangelización y en el Consejo Episcopal Latinoamericano? ¿Cuál fue su relación con Juan Pablo II? ¿Cómo tomó su derrota en el cónclave del 2005? ¿Cuál fue su relación con Benedicto XVI? Por último, ¿cómo se ha convertido en el nuevo papa? ¿Qué supone que un jesuita esté al frente de la Sede de Roma, como tercero pontífice que ha tenido este breve siglo XXI?

Para responder a todas estas preguntas, hablemos del cardenal de los jesuitas.

Parte II

El cardenal de los jesuitas

Capítulo 5

Los jesuitas: el ejército del papa

Un dominico, intrigado, interroga a un jesuita:

—¿Es cierto que los jesuitas responden siempre a una pregunta con otra?

—¿Y quién le dijo a su reverencia tal cosa?

Los jesuitas siempre han sido una orden polémica. Desde su fundación por Íñigo de Loyola en el siglo XVI, la sombra de la sospecha siempre se ha cernido sobre la Compañía de Jesús.

La vida de San Ignacio de Loyola

Íñigo de Loyola López de Recalde nació en el año 1491 en el castillo de Loyola, en la provincia de Guipúzcoa. Era el hijo menor de ocho hermanos, por lo que estaba limitado al servicio como militar o a dedicarse a la vida religiosa. Cuando el conde mayor de Castilla, Juan Velázquez de Cuéllar, pidió al padre de Íñigo que enviara a uno de sus hijos para tenerlo como su ahijado, el padre mandó al menor de todos.

En la ciudad de Arévalo pasará al menos 11 años, haciendo esporádicos viajes a Valladolid con su mentor, pero en 1517, Velázquez va a caer en desgracia al morir el rey Fernando el Católico. Poco después muere e Íñigo es enviado por su viuda al duque de Nájera, Antonio Manrique de Lara, que en ese momento es virrey de Navarra.

Íñigo destacó en Navarra por su valentía y determinación, sobre todo en la Guerra de las Comunidades de Castilla y en los conflictos que habían surgido dentro de la propia Guipúzcoa, pero un acontecimiento va a cambiar de manera radical su vida.

En la llegada de tropas franconavarras en el año 1521, para reconquistar las tierras de Navarra, Íñigo resistió a los atacantes en el castillo de Pamplona. En el fragor de la batalla, es herido por una bala de cañón que le daña las dos piernas. El 23 o 24 de mayo de ese mismo año, lo trasladan a su castillo para que se recupere de sus heridas. Es en ese reposo obligado donde el joven comienza a leer y su vida va a cambiar por completo.

Sabemos que entre sus lecturas estaban *La vida de Cristo*, del cartujo Ludolfo de Sajonia, y el *Flos Sanctorum*. También diferentes libros de vidas de santos.

La vida de Íñigo va a pasar de ser la del típico soldado pendenciero y mujeriego a la de un hombre devoto en busca de la santidad, como él mismo describe en su autobiografía:

> Y cobrada no poco lumbre de aquesta leción, comenzó a pensar más de veras en su vida pasada, y en quánta necesidad tenía de hacer penitencia della. Y aquí se le ofrecían los deseos de imitar los santos, no mirando más circunstancias que prometerse así con la gracia de Dios de hacerlo como ellos lo habían hecho. Mas todo lo que deseaba de hacer, luego como sanase, era la ida de Hierusalem, como arriba es dicho, con tantas disciplinas y tantas abstinencias, cuantas un ánimo generoso, encendido de Dios, suele desear hacer.[1]

El joven Íñigo va a unir su vertiente militar y mística, para formar la Compañía de Jesús. Al principio, sus planes son viajar a Tierra Santa, pero se verá retenido en Manresa unos diez meses, ayudando a mujeres piadosas. Vive en una cueva, donde medita y ayuna. Aquella experiencia le llevará a escribir la primera versión de los Ejercicios Espirituales, que serán la columna vertebral de su apostolado. El libro no será editado hasta más de veintiséis años después, en 1548.

Al final, Íñigo decide ir a Roma, antes de partir para Jerusalén y, tras una breve estancia en Tierra Santa, regresa a la Península Ibérica. Tras su regreso en 1526 y 1527, estudia Teología en la Universidad de Alcalá de Henares, pero las pesquisas de la Inquisición, que ve peligrosas sus enseñanzas sobre el autoexamen y la introspección, le obligarán a huir a Salamanca, desde donde también partirá poco después.

En el año 1528 recala en París, en Francia encontrará Íñigo a españoles con sus mismas inquietudes religiosas, que terminarán por unirse a él. En las mimas aulas en las que estudió Juan Calvino, estudiarán estos primeros jesuitas, convirtiéndose pocos años más tarde en los grandes perseguidores de las enseñanzas del francés.

La fundación de la Compañía de Jesús

La fundación de la Compañía de Jesús está jalonada de inconvenientes. Los primeros son económicos, pero enseguida Íñigo, que ha cambiado el nombre por el de Ignacio, recauda dinero en Flandes e Inglaterra. Después, en un acto solemne en la capilla de Notre Dame de Montmartre, el día de la Asunción del año 1534, los discípulos de Ignacio y él mismo juran «servir a nuestro Señor dejando todas las cosas del mundo».[2] Ignacio tiene 44 años. En ese momento todos piensan que están constituyendo una orden misionera para ir a tierra de infieles, pero se convertirán en una orden de educadores y apologistas, especialmente en el combate contra el protestantismo, que en las décadas anteriores se ha introducido en casi todos los reinos de Europa.

El grupo de miembros de la Compañía de Jesús se dirige a Italia, en concreto a Venecia, para acompañar a una expedición que va a salir contra los turcos, pero las nuevas sospechas de la Inquisición cambiarán de nuevo los planes de Ignacio, que decide que es mejor hacer una Constitución de la Compañía de Jesús, para que la Iglesia Católica autorice su ministerio.

En el año 1540, Ignacio y sus amigos redactan la Constitución y Pablo III, después de algunas reticencias, la aprueba. Algunas de las características de la nueva orden no gustan a todos. La Compañía de Jesús obedecía solo al papa, sin estar sometida a la autoridad eclesiástica de las diócesis y sus obispos; además, la orden no constituiría monasterios formales y llevaría a rajatabla el voto de pobreza. También rechazarían cualquier cargo eclesiástico, ellos eran la infantería de Dios.

A pesar de que la Compañía de Jesús realizó una gran labor misionera en Asia y América, su gran aporte durante los siglos XVI y XVII fue el combate religioso que la enfrentó a los protestantes.

Esta defensa a ultranza de la ortodoxia católica y el hecho de que la Compañía de Jesús se convirtiera en el brazo ejecutor del papa quedan bien reflejados en los comentarios del jesuita Rouquette:

> No olvidemos que históricamente, el «ultramontanismo» ha sido la afirmación práctica del «universalismo» [...] Este universalismo necesario sería una palabra hueca si no resultara en una obediencia práctica o cohesión del cristianismo; por ello Ignacio deseaba que su equipo estuviera a disposición del papa [...] y que fuera el defensor de la unidad católica, la que sólo se logra mediante una sujeción efectiva al vicario de Cristo.[3]

El papado utilizaría a los jesuitas para controlar la ortodoxia de los monarcas católicos e intentar atraer de nuevo a los protestantes al seno de la Iglesia.

> En Europa, dondequiera que los intereses de Roma requerían que la gente se sublevara contra su rey, o si los gobernantes temporales tomaban decisiones que avergonzaban a

> la Iglesia, la curia sabía que fuera de la Compañía de Jesús, no encontraría gente más capaz, hábil y osada para intrigas, propaganda o incluso franca rebelión.[4]

¿Cuál sería el instrumento que utilizaría fundamentalmente la Compañía de Jesús para conseguir sus objetivos?

El gran instrumento de los jesuitas sería siempre la educación. La fundación de escuelas en todo el mundo, pero en especial en los países protestantes. Estas tenían como finalidad educar a la élite y la nobleza de cada reino. Cuando lograban cambiar la mentalidad de sus alumnos, solo era cuestión de tiempo que la mayoría regresara a la ortodoxia católica. Este sistema funcionó muy bien en reinos como los de Polonia, Baviera, las Renanias, el Sarre, Polonia, Hungría y Austria.

Al mismo tiempo, los jesuitas lograban entrar en China en el año 1583 y establecer misiones en América, en especial en Perú y México.

Los jesuitas en los siguientes siglos

Durante los siglos posteriores, en especial durante el XVII y el XVIII, en los que las monarquías buscaban acumular más poder y rentas, a veces en detrimento de la Iglesia Católica, se vio a los jesuitas como enemigos del estado. Los monarcas absolutistas promovían iglesias nacionales al estilo protestante, y Roma perdía poder efectivo sobre esos reinos. Movimientos como el jansenismo o galicanismo defendían una mayor independencia de Roma y recortar su poder económico y político.

En los territorios protestantes, la desconfianza hacia la orden llegó al extremo de que el propio John Adams, presidente de Estados Unidos comentó:

> No me agrada la reaparición de los jesuitas. Si ha habido una corporación humana que merezca la condenación en la tierra y en el infierno es esta sociedad de Loyola. Sin embargo,

> nuestro sistema de tolerancia religiosa nos obliga a ofrecerles asilo.[5]

En Estados Unidos y otros países de mayoría protestante ha habido un temor profundo a la Compañía de Jesús, la mayoría de las veces injustificado. Esto se ve en la propagación de teorías sobre conspiraciones de la Compañía de Jesús y del papado contra Estados Unidos, y en particular contra Lincoln. Un caso significativo es el de esta supuesta carta, de la que no hay constancia oficial, registrada por el cuestionado polemista religioso Chiniquy, en la que Abraham Lincoln hablaría de la Compañía de Jesús:

> Esta guerra nunca hubiera sido posible sin la siniestra influencia de los jesuitas. Se le debe todo al Papado. Oculto esto del conocimiento de la nación, porque si la gente supiera lo que hago, esto se convertiría en una guerra religiosa y asumiría diez veces más salvaje y sangriento carácter. Si la gente supiera lo que el profesor Morse me ha dicho del complot de Roma para destruir a esta República...[6]

Algunos acusaron a los jesuitas de estar detrás del asesinato del presidente Lincoln.

Muchas de estas cosas no están probadas, ya que todos los estados tenían iguales sospechas de conspiraciones y crímenes de los jesuitas, pero lo que sí es cierto es que el declive de los jesuitas en reinos como el de España fue impulsado por estas sospechas y algunas certezas.

Curiosamente, otro de los grandes recelos sobre los jesuitas fue el gran poder económico que consiguieron, convirtiéndose en prestamistas y avalistas incluso de gobiernos enteros. Esta red de préstamo internacional se pareció en parte a la que la orden de los templarios impartió siglos antes.

El obispo Palafox, que había sido enviado a América por el papa Inocencio VIII, le escribió en el año 1647: «Toda la riqueza de Sudamérica está en manos de los jesuitas».[7]

Sean ciertas o falsas todas esta acusaciones, la realidad es que, comenzando por la corte de Francia en el año 1763, pasando por la de España y Portugal en 1767, se expulsó a los jesuitas de sus reinos y se pidió al papa Clemente XIV la supresión de la Compañía de Jesús.

En el año 1773, el papa Clemente XIV escribió el *Dominus ac Redemptor*, con el que suprimió la Compañía. El general de la Compañía de Jesús Lorenzo Ricci y su consejero asistente fueron encerrados sin juicio previo en el castillo de Sant'Angelo en Roma.

Muchos de los jesuitas se refugiaron en Rusia, donde el edicto no tenía efecto y la zarina Catalina la Grande les recibió con los brazos abiertos.

La restauración de los jesuitas

A finales del siglo XVIII, el obispo John Carroll, un exjesuita, fundó la Universidad de Georgetown en Washington. Tras la restauración de la Compañía de Jesús en el siglo XIX, esta sería una de las primeras universidades que regresarían a la órbita de los jesuitas.

El final del siglo XVIII y los comienzos del XIX no pudieron ser más turbulentos. La Revolución Francesa y la independencia de las naciones de América, pusieron en jaque a la Iglesia Católica y el papa Pío VII decidió restaurar la Compañía de Jesús. El objetivo de la nueva Compañía sería luchar contra la masonería y los liberales, que prometían destruir a la Iglesia Católica, especialmente en Europa.

Los jesuitas refugiados en Rusia regresaron para poner de nuevo en marcha la orden religiosa. Los jesuitas tendrían que enfrentar varios retos importantes, como la unificación de Italia en el 1870 y la desaparición de los Estados Pontificios. El general de los jesuitas escaparía de Roma ante las presiones del nuevo estado italiano, y la Santa Sede se declararía prisionera de Italia.

Desde Fiésole, el general Luis Martín continuó gobernando la Compañía de Jesús.

Durante los primeros años del siglo XX, el general de los jesuitas era alemán, se llamaba Franz Xaver Wernz y los jesuitas poseían más de 15.000 religiosos. Durante la Primera Guerra Mundial, gobernó la compañía el polaco Wlodimir Ledóchowski, que reorganizó y modernizó la orden.

La nueva disolución de la Compañía de Jesús durante la Segunda República Española, en el año 1932, y la Segunda Guerra Mundial asestarían de nuevo un duro golpe a la Compañía de Jesús.

El giro en la teología y enseñanza jesuíticas

Tras la guerra, llegará a gobernar la orden un belga llamado Jean-Baptiste Janssens, que formará una escuela de pensamiento en Francia con los teólogos jesuitas Jean Daniélou, Henry de Lubac y el dominico Yves Congar, la llamada Nueva Teología. De esta manera, los jesuitas dejaban de constituir el baluarte de la ortodoxia, para pasar a ser la vanguardia progresista de la Iglesia Católica.

El papa Pío XII y la curia de Roma vieron en la Nueva Teología un peligro para la unidad de la Iglesia y la ortodoxia. El papa escribió la encíclica *Humano generis* (1950).

A partir de los años cincuenta, el aperturismo de la Compañía de Jesús va a preocupar a la curia de Roma. Pierre Teilhard, jesuita y arqueólogo, defiende las teorías de la evolución. Por otro lado, el teólogo John Courtney Murray hace una defensa de la libertad religiosa y el diálogo con las otras confesiones. El Vaticano reacciona en contra de ambas posturas y el general de los jesuitas obliga a Teilhard a apartarse del mundo académico y a no realizar declaraciones.

La expulsión de los religiosos en Cuba en la década de los sesenta afectó también a la Compañía y sus centros de enseñanza en la isla.

Los jesuitas San José María Rubio y San Alberto Hurtado, del que ya hemos hablado, serán los máximos representantes de este nuevo apostolado dirigido a los más débiles. La lucha por los pobres y los obreros se concretará en la creación de sindicatos y la utilización de la enseñanza como instrumento de reivindicación social.

El Concilio Vaticano II y el triunfo de algunos de los postulados de este sector de los jesuitas, como la libertad religiosa defendida por Murray, pondrán a los jesuitas de nuevo en el centro de la actividad apostólica de la Iglesia Católica. Otro teólogo, Karl Rahner, creará la teología pastoral en la que el laico cobra mayor relevancia con su idea de «cristianos anónimos».

En el año 1965, el padre Arrupe es elegido el general de la Compañía de Jesús. El futuro papa Francisco está en ese momento terminando su formación académica y como religioso y jesuita.

La línea de Arrupe continuará la vertiente social de su antecesor en el cargo. Después del Concilio Vaticano II se produce el fenómeno de deserción de sacerdotes más importante de la historia reciente de la Iglesia Católica. Muchos de ellos deciden servir como sacerdotes casados o seglares. Los propios jesuitas sufren un fuerte descenso en sus miembros, en este periodo unos 8.000 jesuitas abandonan la orden.

El descabezamiento de los jesuitas

Pablo VI intentó defender a la Compañía de Jesús, pero la orden sufría críticas de muchas diócesis y el papa les pide que se sometan a la autoridad diocesana, lo que rompía el cuarto voto de los jesuitas, que era la esencia de la orden. La enfermedad del general de los jesuitas, el padre Arrupe, será la baza que utilizará el nuevo pontífice Juan Pablo II para controlar la orden y frenar la Teología de la Liberación, que se había extendido rápidamente por toda la Compañía de Jesús. Juan Pablo II nombra a un delegado pontificio y un adjunto para el gobierno de la orden, saltándose los mecanismos de elección de un nuevo general. Juan Pablo II dice que se trata de una medida extraordinaria. La Compañía de Jesús acata la decisión del papa, aunque unas pocas voces desde dentro critican esta anomalía.

En 1983 se reúne la Congregación General y el holandés Peter Hans Kolvenbach es elegido vigesimonoveno general de la Compañía de Jesús.

La dirección de Kolvenbach cambia de rumbo a la Compañía de Jesús, limita la influencia del apostolado educativo y enfoca más la organización hacia los refugiados y emigrantes. Los jesuitas siguen menguando su influencia y número, hasta llegar a poco más de 20.000 a inicios del siglo XXI, la mayoría de ellos provenientes de América Latina, pero sobre todo de África y la India.

Durante las décadas de los ochenta y noventa del pasado siglo, varios jesuitas fueron asesinados por su defensa de los pobres en diferentes países de América Latina. Desde el padre James F. Carney en Honduras en el año 1983, hasta Ignacio Ellacuría y otros cinco religiosos de la orden en El Salvador, pero también en África, la India y el sudeste de Asia.

Las presiones desde la curia, en especial en los pontificados más conservadores de Juan Pablo II y Benedicto XVI han tenido su efecto sobre la Compañía de Jesús. En el año 2005 se pidió el retiro obligatorio del director, Thomas Reese, de la revista de los jesuitas en Estados Unidos, llamada *America*. También se condenó en el 2007 la obra del teólogo español en El Salvador, Jon Sobrino. La curia de Roma se apoyó en los dos últimos pontificados sobre sectores más conservadores, como el Opus Dei y los Legionarios de Cristo.

El anterior general de la Compañía de Jesús dimitió en el año 2008 por razones de edad y se eligió a Adolfo Nicolás para el cargo.

¿Cómo afecta la elección de un papa de origen jesuita a la Iglesia Católica? ¿Significa esto un giro a la izquierda de la curia de Roma? ¿Es normal que un jesuita asuma cargos eclesiásticos de tanta relevancia?

¿Puede un jesuita ser papa?

Dentro de los propios jesuitas se han levantado varias voces hablando de este tema. Según las propias reglas de la Compañía de Jesús, cualquiera de sus miembros deja de estar bajo la jurisdicción de la orden al ser nombrado obispo.

El sacerdote jesuita y exdirector de Informativos de Radio Vaticano, Inaxio Arregi, ha declarado que el actual papa dejó de pertenecer a los jesuitas al aceptar el cargo de obispo:

> No creo que Bergoglio dependa para nada ni ahora ni en el futuro de los jesuitas. Hay que tener en cuenta que todo jesuita, cuando se hace obispo, ya deja de depender de los superiores jesuitas para pasar a depender directamente de la jerarquía de la Iglesia Universal.[8]

Otros jesuitas parecen más contentos con la elección del nuevo papa, como el sacerdote James Martin, editor de la revista *America* y autor del libro *The Jesuit Guide to (Almost) Everything* [La guía jesuita para casi todo].

James Martin habla para CNN México sobre cuán improbable es que un jesuita se convierta en papa:

> Por dos razones. La primera es que la mayoría de los cardenales provienen de las filas del clero diocesano. Es decir, la mayoría estudia en seminarios diocesanos y están capacitados para trabajar en los ámbitos más conocidos de las parroquias católicas: celebran misa, bautizan niños, ofician matrimonios y trabajan muy de cerca con las familias de su parroquia.[9]

Los jesuitas son una orden minoritaria dentro de la Iglesia Católica. Por una simple cuestión estadística, es muy raro que salga un papa de una orden religiosa. Pero la segunda razón que da James Martín es aun más contundente:

Además, los jesuitas a veces eran vistos con recelo en ciertas partes del Vaticano. Hay varias razones para ello, y algunas son complejas. La primera es, como mencioné, nuestras «diferencias». En segundo lugar, a veces algunas personas pensaban que nuestro trabajo con los pobres y los marginados era demasiado experimental, radical e incluso peligroso. «Cuando trabajas en los límites —dijo un viejo jesuita— a veces los rebasas».[10]

Aunque tal vez la pregunta más importante sobre el primer papa jesuita es: ¿cómo llegó Jorge Mario Bergoglio a ser papable?

Capítulo 6

Apoyo a Juan Pablo II en su apostolado americano

> ...con paciencia, con pedagogía paternal, mediante un itinerario catequístico permanente, a través de misiones populares y otros medios de apostolado, ayudad a esos fieles a madurar en su conciencia de pertenecer a la Iglesia y a descubrirla como su familia, su casa, el lugar privilegiado de su encuentro con Dios. «Son precisamente esas multitudes que conservan la fe de su bautismo, pero probablemente debilitada por el desconocimiento de las verdades religiosas y por una cierta 'marginalidad' eclesial, las más vulnerables ante el combate del secularismo y del proselitismo de las sectas [...]. La presencia de las sectas, que actúan especialmente sobre estos bautizados insuficientemente evangelizados o alejados de la práctica sacramental, pero que conservan inquietudes religiosas, ha de constituir para nosotros un desafío pastoral al que será necesario responder con un renovado dinamismo misionero.[1]

Juan Pablo II fue uno de los papas más dinámicos de la historia de la Iglesia Católica. Desde el principio tuvo como objetivo devolver a la Iglesia cierto dinamismo perdido en la década de los setenta. Curiosamente, parte de ese dinamismo estuvo impreso por su alejamiento a muchos de los postulados del Concilio Vaticano II. El papa Juan Pablo II realizó 144 viajes durante su pontificado.

Karol Woijtyla, un sacerdote de origen polaco que había sufrido la dura represión comunista en su país, se puso como primer objetivo proteger a los católicos en los países comunistas. Su lucha infatigable por esta iglesia perseguida le valió un atentado que casi termina con su vida y una patente oposición a la Teología de la Liberación, en parte liderada por la Compañía de Jesús en Latinoamérica.

El ayudante más estrecho en temas teológicos y que le ayudó a controlar a los miembros díscolos de la Iglesia Católica en América Latina fue Joseph Ratzinger, el que sería su sucesor en el papado y quien en los años ochenta dirigía la Congregación para la Doctrina de la Fe. Ratzinger prohibió a varios teólogos católicos seguir enseñando como al famoso Leonard Boff, uno de los teólogos más importantes de la Teología de la Liberación. También frenaron el trabajo de Hans Küng por su liberalismo y aperturismo.

En la visita a Nicaragua, el papa Juan Pablo II reprendió a Ernesto Cardenal por ocupar un cargo en el gobierno sandinista, de corte comunista.

Una vez que el problema de la Teología de la Liberación pareció superado y que los jesuitas comenzaban a estar más sujetos a la dirección marcada por Juan Pablo II, el papa se centró en el otro gran frente abierto: el protestantismo en América Latina.

América Latina: corazón de la Iglesia Católica

El papado de Juan Pablo II se centró de una manera especial en América. De los 128 países que recorrió el papa en su largo pontificado, la mayoría fueron de Europa y América. En el continente americano los únicos territorios que no pisó el papa fueron dos de las Guayanas y algunas islas pequeñas del Caribe, el resto de los países recibieron una o varias visitas de Juan Pablo II.

El país más visitado de América fue Estados Unidos, sobre todo para apoyar a la importante comunidad católica del país. También visitó en cuatro ocasiones Brasil, el país con más católicos de América Latina y que más feligreses pierde a favor del protestantismo. Pero el papa visitó el resto de los países latinos una o dos veces.

La Iglesia Católica, en la Asamblea Especial del Sínodo de obispos de América celebrada a finales del año 1997, concluía:

> Existe un consenso general en todo el continente acerca del serio problema que representan los nuevos movimientos religiosos y las sectas a raíz, precisamente, del proselitismo y del fanatismo que los caracteriza. Tan extensivo es su crecimiento que, en América Central, el Caribe y Sudamérica se habla de una «invasión», aludiendo con esta expresión al hecho que muchos de estos grupos vienen principalmente de Estados Unidos de América con abundantes recursos económicos para el desarrollo de sus propias campañas. Se habla además de la existencia de un «plan coordinado» de parte de todas las sectas para alterar la actual identidad religiosa de América Latina que, como se dice en la introducción del presente documento, es esencialmente católica y no sólo cristiana. En general, los movimientos religiosos y las sectas predican agresivamente contra la Iglesia Católica. Además orientan sus campañas proselitistas hacia los marginados de la sociedad, hacia los inmigrantes, hacia los presos en las cárceles, hacia los enfermos en los hospitales y en general hacia todos los que viven en las zonas periféricas de las grandes ciudades, donde la presencia de la Iglesia Católica, a veces, no es consistente [...] Atraídos por estas motivaciones, muchos católicos han abandonado la práctica de la propia fe para pasar a nuevos movimientos religiosos y sectas en estos últimos años.[2]

La preocupación de la Iglesia Católica por el avance de los grupos protestantes no ha decrecido, por ello Juan Pablo II eligió dentro de su confianza a diferentes obispos y religiosos americanos, que le ayudaran en su Nueva Evangelización, aunque sería bajo el pontificado de Benedicto XVI cuando el plan comenzaría a funcionar.

El comienzo de la relación entre el papa polaco y Jorge Mario Bergoglio nació cuando el pontífice nombró al segundo obispo auxiliar de Buenos Aires.

Juan Pablo II visitó en dos ocasiones Argentina, la primera en el año 1982, cuando el país estaba sufriendo las últimas sacudidas de la pesadilla dictatorial de Videla. En aquel momento, Bergoglio era rector del Colegio Máximo de los jesuitas y tuvo oportunidad de ver al papa en algunas de sus visitas. La segunda vez que Juan Pablo II viajó a Argentina fue en 1987.

Posiblemente el primer encuentro personal entre los dos fue en la ordenación como cardenal argentino el 21 de febrero del año 2001. Aunque posiblemente también se encontraron en Sínodo de los obispos de la Asamblea Especial para América del año 1997, celebrada en la Ciudad del Vaticano. Otras de las celebradas fue la del 5 de noviembre del 2004.

Desde su nombramiento como arzobispo y más tarde como cardenal, Bergoglio perteneció a varias congregaciones, lo que le obligó a viajar más a Roma. Por ejemplo, formó parte de la Sagrada Congregación para el Clero, que supervisa a los sacerdotes que no pertenecen a una orden religiosa. También ocupó el cargo de miembro del Pontificio Consejo para la Familia y a la Congregación para el Culto Divino y la Disciplina de los Sacramentos, que se encarga de liturgia de la Iglesia Católica y el ritual de los Sacramentos.

Bergoglio también pertenecía al Consejo Ordinario de la Secretaría General para el Sínodo de los obispos, que se encarga de organizar los sínodos o reuniones de obispos. El arzobispo de Buenos Aires también pertenecía a la Congregación para los Institutos de Vida Consagrada y las Sociedades de Vida

Apostólica, organismo enfocado a la supervisión de institutos seculares y religiosos. Era miembro además del Consejo Episcopal Latinoamericano, el que pone las bases para la política a seguir dentro de la Iglesia Católica en América Latina.

Al parecer, uno de esos momentos en que recién nombrado cardenal Bergoglio llamó la atención de la curia fue en el año 2001, cuando el arzobispo de Nueva York, que tenía que presidir el sínodo de obispos de todo el mundo, tuvo que regresar urgentemente a Estados Unidos tras el atentado contra las Torres Gemelas del 11 de septiembre.

En aquel sínodo del año 2001, 252 padres sinodales de 118 países pudieron conocer a Bergoglio ejerciendo de relator general. Gracias a aquella brillante actuación fue nombrado miembro del consejo postsinodal en representación del continente americano. De esta manera, el futuro papa alcanzaba por primera vez una proyección internacional.

El hasta ese momento desconocido arzobispo de Buenos Aires recibió un segundo espaldarazo cuando dos años más tarde del último cónclave (2005), con ocasión de la V Conferencia General del Episcopado Latinoamericano y del Caribe celebrada en Aparecida,[3] Brasil, fue nombrado presidente de la comisión redactora del documento final. Esta conferencia tuvo la trascendencia de las de Medellín en el año 1969 y la de Puebla en 1979.

El éxito de Bergoglio en esta conferencia se hizo patente en el aplauso que recibió tras oficiar la misa y la homilía. Ninguna de las otras participaciones fue tan celebrada como la del arzobispo de Buenos Aires.

El joven y tímido argentino que había ascendido en los últimos años de manera fulminante ahora comenzaba a ser uno de los hombres más conocidos y apreciados dentro la jerarquía de la Iglesia Católica. ¿Cuánto quedaba del joven jesuita en el cardenal Bergoglio? ¿El polémico cardenal argentino sería un buen candidato a papa? ¿Qué diferencias doctrinales tenía el argentino con Juan Pablo II y el futuro pontífice Benedicto XVI? ¿Sería posible que el Estado Vaticano, cerrado en mundo de intrigas e influencias, eligiera a un hombre de tradición jesuítica y muy crítico con la ostentación y el lujo romanos?

El primer asalto está a punto de comenzar, pero no olvidemos que el arzobispo de Buenos Aires es un púgil difícil de batir, es de ese tipo de hombres que se levanta una y otra vez de la lona, hasta que las fuerzas le abandonan por completo.

Capítulo 7

El papable que dejó paso al candidato alemán

—Ya que estamos, ¿qué sintió cuando escuchó una y otra vez su nombre en la Capilla Sixtina durante los escrutinios para la elección del sucesor de Juan Pablo II?

Bergoglio se puso serio, algo tenso. Finalmente dibujó una sonrisa y respondió:

—Al comenzar el cónclave los cardenales juramos guardar secreto; no podemos hablar de lo que sucede allí.

—Por lo menos, díganos qué sentía cuando se veía entre los grandes candidatos a papa...

—Pudor, vergüenza. Pensaba que los periodistas estaban locos.[1]

Son muy pocos los que asisten a una de las reuniones más secretas que existen en el mundo. Los cónclaves se han convertido en un espectáculo cada vez más deseado por los medios de comunicación y el gran público. La misma Iglesia Católica, deseosa de algo de publicidad positiva tras tantas noticias negativas sobre ellos, busca en este acto de elección del papa una manera muy eficaz de convertirse por unos días en el centro del mundo. No hay ningún otro acto a nivel global tan seguido como este, ni siquiera la elección del presidente de Estados Unidos de América.

El cónclave

La definición que da el Diccionario de la Real Academia de la Lengua Española para «cónclave» es la junta de cardenales de la Iglesia Católica, reunida para elegir papa. Sin duda la definición se queda muy corta, un cónclave es mucho más.

El término procede del latín *cum clavis*[2] y significa literalmente «bajo llave». Hoy en día usaríamos el término coloquial «a puerta cerrada». Es normal que la tendencia de los cónclaves desde el comienzo de la historia de la Iglesia haya sido que cada vez son más reservados.

En la actualidad, la influencia que los papas pueden ejercer sobre el gobierno de los estados es muy pequeña, pero en otro tiempo un papa podía, con la amenaza de excomunión, influir en cambios políticos decisivos.

El sistema de obligar a los electores a encerrarse y permanecer aislados del mundo exterior viene del II Concilio de Lyon en el año 1274, aunque la elección del «sucesor de Pedro» se origina mucho más atrás.

Los cónclaves se llevan celebrando en la Ciudad de Vaticano desde hace siglos. El lugar elegido para esas fastuosas y coloridas reuniones no es otro que la Capilla Sixtina, la iglesia más bella del mundo. La Capilla Sixtina forma parte del complejo del Palacio Apostólico y data de los años 1447 al 1480, en los que fue construida por orden de Sixto IX, aunque los increíbles frescos fueron encargados por Julio II, entre los años 1508 y 1512. Los frescos de la Sixtina son obras del genial maestro Miguel Ángel. Destaca el Juicio Final, aunque otro de los más conocidos es el del techo, en el que se reproduce la creación de Adán.

Otro de los elementos icónicos de la Capilla Sixtina y la votación del cónclave es la chimenea y estufa en la que se queman los votos. Si el humo es negro, o *fumata nera*, significa que ninguno de los candidatos ha conseguido mayoría suficiente para ser nombrados papa, pero si el humo es blanco, o *fumata bianca*, la votación ha elegido al futuro sumo pontífice de la Iglesia Católica.

Anteriormente, los cónclaves se celebraban en la basílica dominica Santa María Sopra Minerva hasta el Cisma de la Iglesia de Oriente, pasando entonces a celebrarse dentro del Vaticano (1455) y, desde 1878, dentro de la Capilla Sixtina.

Curiosamente, la basílica dominica Santa María Sopra Minerva estaba construida sobre el antiguo templo romano a Minerva, diosa de la sabiduría, como si los cardenales buscaran la sabiduría de una diosa pagana para inspirarse en la elección del papa.

Evolución del sistema de elección de papas

La elección del obispo de Roma y de los primeros apóstoles se designaba con el voto directo de los feligreses. En esta votación intervenían clérigos y laicos, y los obispos de las diócesis próximas.

La tradición romana consistía en que un clérigo buscaba un candidato por consenso o por aclamación, después se presentaba al candidato ante los ciudadanos de Roma y estos lo ratificaban. Este sistema tenía sus complicaciones, ya que en ocasiones la multitud elegía a más de un papa y surgían los famosos antipapas.

En el Sínodo Laterano, en el año 769, abolió el derecho del pueblo de Roma a elegir su obispo. Sin embargo, el Sínodo de Roma del año 862 volvió a dar al pueblo este derecho, pero limitó la votación a la nobleza de la ciudad. Un cambio en el año 1059, introducido por Nicolás II, aseguró que la decisión estuviera en manos de la Iglesia. Este papa ordenó que la elección del pontífice estuviera a cargo de los cardenales, pero con la ratificación de los laicos y el clero de Roma. Tras el último cambio de un nuevo Sínodo Laterano, en 1139, se eliminó el requisito de ratificación y se aprobó la actual forma de elección papal. Esta forma de elección en cónclave no ha sido cuestionada más que en una ocasión, durante el Cisma de Occidente.

El enclaustramiento de los electores se decidió debido a la fuerte influencia que ejercían los reinos sobre sus cardenales. En algunas ocasiones, los cónclaves se eternizaban, bloqueados por algunos electores que querían impedir la elección de un papa. A pesar de la petición de enclaustramiento de los cardenales, muchos dejaban el cónclave y más de una vez hubo que recurrir a la fuerza para que los cardenales no salieran. El cónclave tras la muerte de Clemente IV (1268) fue uno de los más largos, a pesar de obligar a los cardenales a estar encerrados en el palacio episcopal durante tres años. Al final se optó por tener a pan y agua a los cardenales hasta que eligieran papa.

A pesar de estas anécdotas, la mayoría de los cónclaves han sido rápidos y sin muchos contratiempos.

Durante siglos se ha intentado hacer más cómoda la estancia de los cardenales en el Vaticano y el sistema más reglado y rápido.

Pío X reunió todas normas papales a este respecto en una constitución. Más tarde, Pío XII cambió algunas cosas en 1945, lo mismo que Juan XXIII en 1962 y Pablo VI en el año 1975. El papa Juan Pablo II mandó realizar la *Universi Dominici Gregis* en el año 1996, que puso las últimas normas a los cónclaves actuales.

Elecciones y candidatos

Los electores actuales son todos los miembros del Colegio Cardenalicio. Aunque en el siglo XIII únicamente votaban siete cardenales, en la actualidad el sufragio está compuesto por los 183 cardenales del colegio. Durante un tiempo hubo únicamente setenta cardenales, pero el crecimiento de la Iglesia Católica y su dispersión obligó al papa Juan XXIII a aumentar la cantidad de cardenales, para que representaran al mayor número de países. En 1970, Pablo VI limitó la edad de elección a los menores de ochenta años, por lo que únicamente pueden votar los que no han cumplido esa edad límite.

En principio, puede ser candidato a papa cualquier católico que haya sido bautizado, ni siquiera tiene que ser clérigo. Aunque durante el siglo VIII se había limitado la elección del papa primero a los clérigos y más tarde a los cardenales, esta norma fue abolida en el III Concilio de Letrán, en el año 1179, volviendo a abrirse a cualquier creyente católico.

En el caso de que la Iglesia Católica eligiera a un laico o sacerdote, después de haber aceptado la responsabilidad sería nombrado obispo, pero los candidatos deberían al menos cumplir dos reglas canónicas para ello: ser mayor de treinta y cinco años y llevar al menos cinco como presbítero.

El candidato puede ser de cualquier país y raza, pero nunca mujer, aunque la mayoría de los pontífices que ha dado la Iglesia Católica han sido italianos. Durante casi 500 años, los papas italianos habían preponderado, hasta la elección de Juan Pablo II, pero la tendencia es la internacionalización del cargo, ya que el sucesor de Juan Pablo II fue el alemán Benedicto XVI y el actual papa Francisco es de origen argentino.

El procedimiento electoral y el proceso de toma de posesión de los papas

A diferencia de las elecciones modernas, la elección del papa no se hace por la pugna de dos o más candidatos. Los cardenales no se pueden presentar a sí mismos como candidatos, tampoco pueden hacer campaña a su favor, pero sí se permite que los cardenales discutan sobre los mejores candidatos y que algunos busquen apoyo para terceros.

La elección del papa se puede realizar por aclamación, compromiso o escrutinio. En el primer caso, el elegido es simplemente aclamado por la mayoría, como inspirados por el Espíritu

Santo, y el papa es elegido automáticamente. El segundo caso, el del compromiso, se ha utilizado en momentos difíciles, cuando no lograba llegarse a un acuerdo. En ese caso se elegía una comisión de cardenales, que elegían al papa. Aunque la más normal es la del escrutinio, que se hace con voto secreto.

Al principio, los papas eran elegidos con mayoría simple, pero a partir del III Concilio Laterano se incrementó en dos tercios el número de votos necesarios para elegir al papa. Se prohibía el voto de los cardenales a ellos mismos. En el caso que tras treinta y cuatro votaciones no se haya elegido al papa, bastará la mayoría simple. Benedicto XVI reintrodujo bajo su pontificado los dos tercios más uno, para evitar un papado en disputa constante.

Cuando la sede del obispo de Roma o papa queda vacante, se dicen las primeras palabras de la Constitución Apostólica *Universi Dominici Gregis*. La fórmula latina que se utiliza en este caso es «*Universi Dominici Gregis Pastor*» [Pastor de todo el rebaño del Señor].

La sede vacante o vacante apostólica puede darse por dos motivos: el fallecimiento del sumo pontífice o su renuncia. Una tercera sería la deposición de un papa, pero esta no está incluida en las normas del Vaticano.

No es muy normal que los papas renuncien a su cargo, pero en el caso que se produzca se requiere que sea una elección libre y se exprese de manera formal. En la última parte de este capítulo veremos cómo se produjo la renuncia de Benedicto XVI.

Puede que el cargo de papa no se pueda ejercer por causas mayores, en cuyo caso se denomina «Sede Romana Impedida», ya sea por cautiverio, relegación, destierro o incapacidad.

Durante la elección del nuevo sumo pontífice y mientras la sede esté vacante, el Colegio de Cardenales asume el gobierno de la Iglesia, pero con algunas funciones limitadas. Únicamente puede tomar decisiones en asuntos ordinarios e inaplazables. También tiene entre sus funciones la organización de las exequias del papa y la elección del nuevo candidato.

El Colegio Cardenalicio no puede cambiar las normas de elección, tampoco puede convertirse en una especie de suplencia del papa.

Los bienes materiales durante este periodo están a cargo del cardenal camarlengo, ayudado por tres asistentes, cardenales como él. En la actualidad, el cargo lo ostenta Tarcisio Bertone, que sustituyó al anterior en el año 2007, y que es a la vez Secretario de Estado del Vaticano.

El inicio de un cónclave

Los cardenales se reúnen en Roma al comienzo del cónclave y acceden a la Ciudad del Vaticano. Se hospedan en la Casa de Santa María, que el papa Juan Pablo II preparó para comodidad de los electores. Esta residencia está dentro del propio Vaticano y cerca de la Capilla Sixtina.

Durante los días o semanas que puede durar un cónclave, se prohíbe cualquier comunicación con el exterior: televisión, teléfono, radio, Internet o correspondencia.

El aislamiento de los electores tiene como propósito salvaguardar a los cardenales de interferencias exteriores, facilitar su libertad de decisión y darles el recogimiento necesario para una elección tan trascendental.

El momento para el comienzo del cónclave suele ser entre quince y veinte días después de la muerte del papa. La ceremonia de inauguración se celebra por la mañana en una solemne misa votiva llamada *Proeligendo pontificem*, que está presidida por el mayor de los cardenales. En esta celebración se pide a Dios que ilumine a los cardenales en la elección del nuevo papa.

Por la tarde, todos los cardenales reunidos en la Capilla Paulina hacen una procesión hasta la Capilla Sixtina, pasando por la Sala Regia, donde antiguamente el papa era entronizado. Cuando llegan a la Capilla Sixtina y, tras instalarse en sus puestos, todos cantan el coro *Veni Creator*. Después, los cardenales hacen un juramento solemne de guardar las normas del cónclave y mantener el secreto de la elección del nuevo papa.

Tras el juramento, las puertas de la Capilla Sixtina son cerradas al grito de «¡*Extra omnes*!» [Todos fuera]. Quedando en la capilla únicamente los cardenales. En las puertas se queda una escolta de guardias suizos para proteger la votación.

Diariamente hay dos sesiones, una por la mañana y otra por la tarde, con dos votaciones cada una. Se distribuyen entre los electores dos papeletas con el lema: *Eligo in Summum Potificem*, con un espacio en blanco debajo para escribir el nombre del candidato. Los cardenales deben escribir el nombre con letra clara y que no les identifique.

Los cardenales llevan sus votos doblados hasta el altar, donde se encuentran los Escrutadores, que tienen una urna cubierta con un plato para recoger los votos. Al llegar hasta la urna el cardenal dice: «Pongo por testigo a Cristo Señor, el cual me juzgará, que doy mi voto a quien, en presencia de Dios, creo que debe ser elegido». Si un cardenal es demasiado anciano o está enfermo, el Escrutador se acerca y recoge el voto y lo lleva hasta la urna. Si está en la cama, los Enfermeros recogen su voto.

El recuento de los votos lo hacen los tres cardenales escrutadores, elegidos al azar. Cuentan delante de todos los votos; si hay más papeletas que electores se queman todas y se comienza de nuevo. Tres Revisores supervisan las notas de los Escrutadores. Después, los votos son quemados en una chimenea, cambiando el color del humo según sea negativa o positiva la elección papal. Las elecciones son registradas en un acta especial.

Proclamación del papa

En el caso de conseguir la mayoría necesaria, se pide al secretario del Colegio de Cardenales y al Maestro de las Celebraciones Litúrgicas Pontificias que acudan a la Capilla Sixtina. Cuando llegan los dos cargos, el cardenal más mayor se acerca al candidato y le pregunta: *¿Acceptasne electionem de te canonice factam in Summum Pontificem*? [¿Aceptas tu elección canónica como Sumo Pontífice?]. Si el candidato acepta el cargo se le pregunta: *¿Quo nomine vis vocari*? [¿Con qué nombre deseas ser conocido?]. Acto seguido, el papa anuncia su nuevo nombre y dice: *Vocabor...* y el Maestro de las Celebraciones toma nota en el acta del nuevo papa.

Los últimos dos cónclaves han sido muy distintos. El último del siglo XX, que dio paso al pontificado de Juan Pablo II, fue algo rupturista. No se elegía a un papa que no fuera italiano desde el siglo XVI y, cuando se llegó al cónclave en octubre de 1978, no había un candidato definido.

La repentina muerte de Juan Pablo I dejó a la Iglesia Católica algo confusa. El papa había llegado al cargo apenas unos meses antes, en agosto de 1978. La proclamación del sumo pontífice fue fulminante, un día más tarde y únicamente cuatro votaciones sirvieron para que el patriarca de Venecia, Albino Luciani, se convirtiera en el nuevo obispo de Roma. Aunque tan fulminante fue su ascenso a papa como su muerte. Cuando solo llevaba treinta y tres días en el cargo se le encontró muerto en su cama.

La Iglesia Católica pensó que lo mejor era sustituir de inmediato al difunto y convocó un nuevo cónclave aquel mismo año, el que ya hemos mencionado de octubre de 1978.

La elección de un papa de origen polaco tenía el claro aviso de que la Iglesia Católica quería centrarse en la lucha que sus fieles sufrían en los países comunistas, pero el pontificado de Juan Pablo II fue mucho más que eso. El joven papa Wojtyla consiguió llevar a cabo algunas ideas de su antecesor. Llevó al papado al centro de la atención mediática y al pueblo. Ya hemos mencionado los numerosos viajes que realizó el pontífice durante sus veintisiete años de pontificado cambiaron el estilo del Vaticano ante la gente, aunque en lo doctrinal y litúrgico se mantuvo muy unido a la tradición católica. El papa polaco intentó unir a la Iglesia y terminar con la politización de la Teología de la Liberación, pero para ello se apoyó en algunas de las partes más conservadoras de la Iglesia, como El Opus Dei y los Legionarios de Cristo. Su amigo y colaborador Joseph Aloisius Ratzinger, se pondría al mando de la Iglesia para completar la obra de su predecesor.

El cónclave del año 2005 y la elección frustrada de Jorge Mario Bergoglio

El primer cónclave del siglo XXI era un acontecimiento muy esperado. El mundo veía cómo cada día la salud del activo y fuerte Juan Pablo II se deterioraba hasta extremos preocupantes. Algunas voces comentaban la necesidad de que el papa se retirara, pero él seguía en el cargo, convencido de que la única manera de abandonar el pontificado es con la muerte.

Juan Pablo II tenía 84 años cuando el 2 de abril de 2005 pudo descansar para siempre. Su carisma había conquistado incluso a muchos de sus opositores. Sus polémicas visitas, con un claro cariz político, pero en las que imperaba su deseo de atender a los católicos donde quisiera que estuviesen, le habían granjeado una gran admiración. ¿Quién podía sustituir a un hombre de la talla del difunto papa?

Las últimas palabras en polaco de Juan Pablo II fueron: «*Pozwólcie mi i´s´c do domu Ojca*»[3] (Déjenme ir a la casa de mi Padre). Desde el primer momento, muchos pidieron su beatificación, paso previo al ascenso a los altares del difunto papa.

El 8 de abril de 2005 comenzó el funeral de estado por Juan Pablo II. Se calcula que en la Plaza de San Pedro había unas 300.000 personas, pero a la ciudad habían llegado un millón y medio de peregrinos. Estaban prácticamente todos los mandatarios de los países más poderosos representando a sus naciones en el funeral. También estaban todos los cargos eclesiásticos. Allí, entre la multitud de cardenales, un hombre de origen argentino, Jorge Mario Bergoglio, lloraba la muerte de su líder, sin saber lo que sucedería unos días más tarde.

El cónclave comenzó justo pocos días más tarde, el 18 de abril de 2005. La expectación era máxima. Después de un papado tan largo como el de Juan Pablo II no era fácil encontrar el sustituto adecuado.

Una de las primeras decisiones que tomó el Colegio Cardenalicio fue que el candidato en ningún caso debía superar los 80 años de edad. No querían que se repitiera el agónico final del anterior papa.

En aquella ocasión, el cónclave estaba compuesto por 117 cardenales. El mayor número era el de europeos, con 50 cardenales, seguido por América del Norte con 18 y América Latina con 17, el resto se repartían entre África, Asia y Oceanía. Dos de los cardenales no pudieron acudir a la importante cita por problemas de salud: Jaime Lachica Sin y Suárez Rivera.

Entre los latinoamericanos se encontraba representando a Argentina monseñor Jorge Mario Bergoglio, quien, aunque en la curia ya se le conocía bien, era un total desconocido para los fieles y los medios de comunicación.

El comienzo del cónclave

El primer día se hicieron los ritos que ya hemos descrito en este capítulo. Tras el largo pontificado de Juan Pablo II y dada la avanzada edad de la mayoría de los cardenales, únicamente dos habían participado en el anterior cónclave, el cardenal Baum y el propio Ratzinger.

En el cónclave había dos cardenales algo especiales, uno de ellos era Ignacio Moisés I Daoud, de la Iglesia Católica Siria; el otro, Lubomyr Husar, miembro de la Iglesia Católica Griega de Ucrania. El resto pertenecía a la Iglesia Católica Romana.

El Maestro de las Celebraciones Litúrgicas Pontificias en aquella ocasión era el arzobispo Piero Marini. En el primer debate no se llegó a un acuerdo, aunque todos sabían que el favorito era Ratzinger, la mano derecha de Juan Pablo II durante todos esos años.

La meditación de la tarde la había dirigido el octogenario Spidlik. Tras la breve homilía, los cardenales se acercaron en orden para depositar su voto. ¿A quién tenían en mente? ¿Cuál podía ser el sustituto del papa más carismático de los últimos siglos?

Los tres cardenales más votados fueron por este orden: Ratzinger, con 47 votos; Bergoglio, con 10; Martini, con 9; luego Camillo Ruini, con 6 votos; Angelo Sodano, con 4; el cardenal de Honduras, Óscar Rodríguez Madariaga obtuvo 3 votos; y por último Dionigi Tettamanzi, con los 2 votos restantes.

El primer candidato, Ratzinger, había sido la mano derecha del papa, era además decano del Colegio Cardenalicio y la persona mejor situada en la curia.

El argentino Jorge Mario Bergoglio fue una sorpresa para la mayoría, aunque en los últimos años se había hecho más conocido, sobre todo en el ámbito de América, y en el Vaticano había presidido la reunión de obispos de septiembre del 2001, al tener que ausentarse el arzobispo de Nueva York por causa de los atentados del 11 de septiembre.

El cardenal Martini había sido uno de los favoritos en el cónclave, por su gran preparación académica, pero algunos creían que estaba demasiado cerca de la edad límite para ser papa, con casi 78 años. Fue durante veinte años arzobispo de Milán. Martini era el candidato más progresista dentro de la Iglesia en ese momento.

El resto no parecía que tuvieran muchas posibilidades de ser elegidos, pero la comidilla de aquel primer día fue la sorpresiva candidatura del cardenal argentino.

Bergoglio se mostraba en las comidas y el resto de las reuniones como una persona esquiva, abrumado por la responsabilidad que podía caer sobre sus hombros. El cardenal no conocía los mecanismos de la curia, nunca había vivido en Roma y no controlaba las diferentes facciones que se movían en el seno de la Iglesia Católica.

Los cardenales sabían que Bergoglio podía ser muy radical, pues desde su nombramiento se había negado a vivir en el palacio arzobispal en una de las zonas residenciales de la capital de Argentina. Algunos veían en él la figura del papa Luciano, que se había mostrado muy austero en su cargo, pero otros veían los peligros de un futuro papa inclinado hacia los pobres.

El martes 19 de abril, a las nueve de la mañana se reunió de nuevo el cónclave. La segunda votación comienza a definir más las posturas y enfocar a los candidatos más fuertes. El segundo escrutinio da el resultado de 65 votos para Ratzinger, pero aún le faltan 12 para llegar a la mayoría necesaria de dos tercios. De nuevo, la gran sorpresa es el argentino, que supera la treintena con 35 votos. Los votos de Ruini han ido a Ratzinger, pero los progresistas de Martini a Bergoglio, Sodano únicamente tiene 4 votos y Tettamanzi 2 votos.

La segunda votación de la mañana parecía aun más complicada. ¿Se inclinarían más votos hacia el arzobispo de Buenos Aires?

El propio Bergoglio comentó años más tarde que se sentía abrumado y avergonzado por la situación:

> —Ya que estamos, ¿qué sintió cuando escuchó una y otra vez su nombre en la Capilla Sixtina durante los escrutinios para la elección del sucesor de Juan Pablo II?
>
> Bergoglio se puso serio, algo tenso. Finalmente dibujó una sonrisa y respondió:
>
> —Al comenzar el cónclave los cardenales juramos guardar secreto; no podemos hablar de lo que sucede allí.
>
> —Por lo menos, díganos qué sentía cuando se veía entre los grandes candidatos a papa...
>
> —Pudor, vergüenza. Pensaba que los periodistas estaban locos.[4]

La segunda votación de la mañana se realizaba a las 11 y algunos ya veían a Bergoglio como futuro papa, para sorpresa de los miles de periodistas y millones de personas que esperaban. Ratzinger obtiene en la tercera votación 72 papeletas, pero le faltan 5 para poder convertirse en papa. Bergoglio tiene a su vez 40 votos, cinco más que la anterior, lo que complicaba la votación.

Todos los cardenales estaban asombrados del repentino ascenso del argentino. Los votos de Bergoglio obligaban a hacer una nueva votación. Los partidarios de Ratzinger estaban sorprendidos, ellos creían que la elección del alemán sucedería casi sin oposición.

El almuerzo debió de ser animado. Muchos de los cardenales debían mirar a Bergoglio, para intentar discernir si aquel hombre de trato fácil, pero algo tímido, era capaz de gobernar la organización religiosa más antigua del mundo, sobre todo sin conocer los mecanismos de la curia.

El cardenal Trujillo hará campaña a favor de Ratzinger e, intentando que los cardenales latinoamericanos cambien su voto, Martini intenta que la balanza caiga a favor de Bergoglio, esperando que la votación de la tarde mantenga los votos y que al día siguiente Bergoglio vaya ganando peso.

Al parecer, el propio Bergoglio pidió a sus votantes que eligieran a Ratzinger. De esta manera, el desconocido arzobispo de Buenos Aires se queda muy cerca de ser el primer papa latinoamericano de la historia.

La tercera votación del día y cuarta del cónclave es definitiva. Ratzinger llega a los 84 votos y Bergoglio obtiene 26. Después de ver el escrutinio se produce un silencio en la sala que dura unos segundos, para terminar en un largo aplauso cordial al nuevo papa.

La pregunta ahora es: ¿quién era aquel cardenal alemán? ¿Sería capaz de dirigir la Iglesia tras Juan Pablo II?

El papa alemán

Joseph Aloisius Ratzinger siempre fue un hombre estudioso y solitario, enemigo de las multitudes y poco carismático. Nacido en Marktl, en la Alta Baviera, era el tercero y más joven de los hijos de Joseph Ratzinger, un oficial de la policía, y de María Rieger. El joven Ratzinger siempre quiso ser obispo. Siendo niño contempló al cardenal arzobispo de Múnich en una de las ceremonias solemnes y supo que quería ser como él. Estudió en el Seminario de San Miguel, contando con el apoyo total de sus padres. Tras la orden de Hitler, en 1939, de que los seminaristas fueran incorporados a las Juventudes Hitlerianas, el joven Ratzinger tuvo que afiliarse. A la edad de 16 años fue llamado a servir en el ejército, y lo hizo como ayudante de infantería antiaérea. El joven soldado tuvo que proteger la fábrica de BMW en Múnich. Después fue destinado a Austria, para servir en la protección antitanque.

El joven alemán desertó en los últimos días de la guerra y fue apresado por los aliados. Tras ser liberado, hizo su examen de bachillerato. Ingresó en la Universidad de Teología y Filosofía de Freising, continuando sus estudios en la Universidad de Múnich y en la de Friburgo. Tras doctorarse, ocupó un cargo de profesor en la Universidad de Bonn, en el año 1959. En 1963, cuando se trasladó a la Universidad de Münster, ya era reconocido como un significativo teólogo.

Al principio, Ratzinger se quedó prendado por la Nueva Teología, que como ya hemos comentado estaba impulsada por los jesuitas, pero poco a poco fue tendiendo a posturas más moderadas.

En el año 1966, ocupó la vacante de Teología en la Universidad de Tubinga, convirtiéndose en colega del famoso teólogo Hans Küng. Sus posturas innovadoras todavía se dejaron notar en su primer libro, *Introducción al Cristianismo*, en el que argumentaba que el papa debía tomar sus decisiones contando con las opiniones de otros. Después de ocupar varios cargos de enseñanza y participar en el Concilio Vaticano II, en 1977 Ratzinger fue ordenado arzobispo de Múnich y Freising. Su sueño de la niñez parecía haberse cumplido. ¿Podía aspirar a más el arzobispo alemán?

La llegada de Wojtyla al papado supuso una renovación generacional, el papa fue el que nombró a Ratzinger como arzobispo y ese mismo año de 1977 se conocen en persona, después de años de mantener una relación epistolar.

Juan Pablo II utilizará al teólogo alemán como su ayudante más estrecho en temas de teología. En el año 1981, Ratzinger es nombrado prefecto de la Congregación de la Doctrina de la Fe, la moderna Inquisición. Para ocupar su nuevo cargo deja el arzobispado y se traslada a Roma, donde es nombrado años más tarde (1993) cardenal obispo de Velletri-Segni, después será elegido vicedecano del Colegio Cardenalicio en el año 1998, y por último decano del mismo en el año 2002.

Sin duda, Ratzinger era el mejor posicionado de los candidatos para ocupar la silla de Pedro. El propio cardenal alemán se consideraba continuador de la obra de Juan Pablo II, con el que había trabajado de manera tan estrecha. Él mismo dice a este respecto:

> Compete al sucesor de Pedro una tarea especial. Pedro fue el primero que hizo, en nombre de los apóstoles, la profesión de fe: «Tú eres el Cristo, el Hijo de Dios Vivo» (Mt. 16.16). Ésta es la tarea de todos los sucesores de Pedro: ser el guía en la profesión de fe en Cristo, el Hijo de Dios vivo. La cátedra de Roma es, ante todo, cátedra de este credo [...] El obispo de Roma se sienta [por tanto] en su cátedra para dar testimonio de Cristo. Así la cátedra es el símbolo de la *potestas docenci*, la potestad de enseñar, parte esencial del mandato de atar y desatar conferido por el Señor a Pedro y, después de él, a los Doce.[5]

El papa alemán, con el nombre de Benedicto XVI, se ve como un continuador de la obra de San Pedro, pero también de sus sucesores, en especial de su mentor, Juan Pablo II.

No le ha sido fácil llegar al convencimiento de que puede ejercer un oficio tan complejo e importante como el de papa. Horas antes de su elección, la oración de Ratzinger era muy clara:

> *Ru mir diez nicht an!*, pedía a Dios: ¡no me hagas esto! Cuando lentamente el desarrollo de las votaciones me permitió comprender que, por así decirlo, la guillotina caería sobre mí, me quedé desconcertado. Creía que ya había acabado el trabajo de toda una vida y que podía dedicarme a terminar tranquilamente mis días. Con gran seguridad le dije al Señor: «¡No me hagas esto! Tienes personas mejores y más jóvenes, que pueden afrontar esta gran tarea con un entusiasmo y una fuerza mayores».[6]

Algunos cardenales tenían algunas objeciones ante el nuevo papa. Creían que la Iglesia Católica necesitaba un hombre más dinámico y carismático. Por eso algunos pensaban que hubiera sido mejor otra elección, pero sobre todo la prensa pareció sentirse decepcionada:

> A Ratzinger se le consideraba demasiado viejo, demasiado enfermo, demasiado europeo, demasiado intelectual, demasiado «línea dura».[7]

Capítulo 8

El cónclave del 2013

> Por esta razón, y muy consciente de la gravedad de este acto, con plena libertad declaro que renuncio al ministerio de Obispo de Roma, Sucesor de San Pedro, que me concedieron los cardenales el 19 de abril de 2005, de tal modo que a partir del 28 de febrero de 2013, a las 20:00 horas, la Sede de Roma, la Sede de San Pedro, estará vacante y se convocará un cónclave que elegirá al nuevo Pontífice Supremo.[1]

El pontificado de Benedicto XVI comenzó el 19 de abril de 2005. El nuevo pontífice elegía el nombre de uno de los papas que lo tuvo más difícil, el elegido en plena Primera Guerra Mundial, Benedicto XV, quien tuvo que luchar para mantener la neutralidad de la Iglesia Católica durante el conflicto.

Benedicto XVI llevaba muchos años en la corte del papa. Su llegada se había producido en el año 1982, cuando Juan Pablo II le llamó para servir como cardenal y prefecto de la Congregación para la Doctrina de la Fe. Su puesto en el cargo de prefecto le había ocasionado muchos problemas. Toda el ala progresista de la Iglesia Católica le tenía como un hombre duro, conservador y mantenedor de los valores del bando más tradicional. Los hombres del Opus Dei y otros grupos conservadores se movían a sus anchas por los pasillos del Vaticano, pero, desde el principio de su pontificado, estos iban a ser sus problemas menos importantes.

El papa Benedicto XVI, como intelectual y teólogo, centró su trabajo en publicar algunos libros y encíclicas, intentando poner en la práctica su idea de que la de San Pedro es fundamentalmente una cátedra dirigida a la enseñanza.

Ratzinger afrontó en sus encíclicas temas como el Dios de amor, la esperanza y, sobre todo después del comienzo de la crisis económica, la crisis financiera. Destacarán también sus estudios sobre la vida de Jesús. El primer libro se titulaba *Jesús de Nazaret*; el segundo, *Jesús de Nazaret: Desde la entrada en Jerusalén hasta la Resurrección*. El tercero y último, publicado en el año 2012, tenía como título *La infancia de Jesús*.

Otras de sus tareas fueron: la creación de nuevos cardenalatos y la promoción de la Nueva Evangelización, de la que ya hemos hablado brevemente.

A pesar de sus rasgos positivos, como pensador y escritor, el nuevo papa no parecía tener el carisma de su predecesor y sus problemas de salud le impedían imprimir la vitalidad que un nuevo pontificado necesita.

Benedicto XVI siempre sufrió bajo la sombra de su antecesor en el cargo, aunque él lo tomó como un apoyo más que como una carga, como nos dejan ver sus palabras:

> Me parece sentir su mano fuerte que estrecha la mía; parece ver sus ojos sonrientes y escuchar sus palabras, dirigidas en este momento particularmente a mí: «¡No tengas miedo!».[2]

El pontificado de Benedicto XVI fue complicándose poco a poco, cuando comenzaron a aflorar cada vez más casos de pederastia en diferentes países. A medida que los problemas arreciaban y sus fuerzas iban disminuyendo, se le veía más decaído y con menos fuerzas para continuar.

En Estados Unidos, los casos de pedofilia escandalizaron a la opinión pública. En el año 2002 se habían producido denuncias parecidas y la Iglesia Católica había tenido que pagar unas indemnizaciones millonarias, pero en el 2008 las noticias no dejaban de saltar en los periódicos y los noticieros de las televisiones. Los casos de pedofilia no son privativos del catolicismo, también se dan en iglesias protestantes o sinagogas judías, pero dentro de la Iglesia Católica el número es mucho mayor. El viaje de Benedicto XVI entre los días 15 y 20 de abril de 2008 parecía avivar aun más la polémica.

En aquel viaje, Benedicto XVI habló claramente sobre el problema y prometió que los sacerdotes condenados serían excluidos de la Iglesia. Pero en el año 2009, nuevos casos de pederastia en Irlanda volvían a encender la polémica. En el año 2010, el papa Benedicto se reunió en el Vaticano con todos los obispos diocesanos de Irlanda para tratar el tema de los casos de pederastia en la Isla.

Aunque el caso que más desgastó y entristeció al papa Benedicto XVI fue el famoso Vatileaks, por el que se filtraron varios papeles secretos del Vaticano. El escándalo comenzó a finales de enero del 2012, cuando un programa de la televisión italiana comentó que tenía en su poder papeles del Vaticano en los que se investigaba a Carlo María Viganó, por hacer negocios fraudulentos que le habían costado millones de euros al Vaticano. La prensa italiana comenzó a publicar los documentos filtrados, para estupor de la curia romana.

En marzo del 2012, el Vaticano nombró una comisión interna para investigar los papeles. Esta descubrió que quien estaba filtrando los documentos era Paolo Gabriele, mayordomo personal del papa desde el 2006 y uno de sus hombres de confianza. Tras ser juzgado, Gabriele fue perdonado por Ratzinger.

Al parecer, Benedicto XVI recibió el informe sobre la investigación interna el 17 de diciembre de 2012, el mismo informe que se cree han entregado al actual papa Francisco al acceder al cargo de pontífice.

El periodista y escritor Eric Frattini, que ha escrito numerosos libros sobre la Iglesia Católica y el papado, comentó el 11 febrero de 2011, apenas unas horas después de conocerse la renuncia del sumo pontífice:

> Él no tiene ningún problema de salud, problemas de salud tenía Juan Pablo II. Es un señor con sus achaques pero no tiene problemas de salud. Pero Benedicto XVI no quiso ser papa. Antes de entrar al cónclave ya había ordenado a sus ayudantes que organizasen la casa para trasladarse a Baviera porque iba a dejar la maquinaria vaticana pero el Espíritu Santo le nombró papa.
>
> Es un hombre que ha allanado el camino para el próximo porque ha sacado la basura a la calle. Se ha dedicado a limpiar. Ha sido un papa revolucionario y limpiador. Se ha enfrentado a los casos de pederastia, no los ha escondido, y ha intentado limpiar el Banco Vaticano [...] por eso ha allanado el camino al siguiente...[3]

La valentía de Benedicto XVI, como indica el periodista Eric Frattini, es loable, pero ha terminado desgastando su papado y la imagen de la Iglesia Católica.

Benedicto XVI, en una rutinaria ceremonia de canonización, sorprendía al mundo entero anunciando su renuncia. El 11 de febrero de 2013, el papa presidía un consistorio ordinario público y anunció en latín lo que nadie esperaba, pero todos presentían. Por petición propia, Benedicto XVI renunciaba a su cargo a las 20:00 horas, aunque su renuncia no se haría efectiva hasta el 28 de febrero de ese mismo año.

La razón que esgrimía era estrictamente la falta de fuerzas y la edad:

> Tras haber examinado repetidamente mi conciencia ante Dios, he llegado a la certeza de que mis fuerzas, dada mi avanzada edad, ya no se corresponden con las de un adecuado ejercicio del ministerio petrino [...] Por esta razón, y muy consciente de la gravedad de este acto, con plena libertad

> declaro que renuncio al ministerio de Obispo de Roma, Sucesor de San Pedro [...] Queridos hermanos, les agradezco muy sinceramente todo el amor y el trabajo con el que me apoyaron en mi ministerio y les pido perdón por todos mis defectos.[4]

La sorpresa fue la reacción generalizada, no es muy normal que un papa renuncie a su cargo. Por ello, un millón de preguntas comenzaron a recorrer los periódicos y televisiones de medio mundo.

¿Era acaso intención de Benedicto dar un giro a la Iglesia Católica y cambiar el foro mediático de los escándalos? ¿Sentía que su labor de continuador de Juan Pablo II había terminado? ¿O se había dado cuenta de que no era capaz de llevar a cabo con sus fuerzas el gran impulso de la Nueva Evangelización?

¿Puede dimitir un papa?

En el capítulo en el que hablábamos de la elección de un papa y de las causas de sede vacante, ya apuntábamos que era posible que el pontífice dejara el cargo de manera voluntaria. Pero no es algo muy común.

El anterior pontífice, Juan Pablo II, no dejó su cargo a pesar de estar gravemente enfermo. Benedicto XVI elogió la valentía de su predecesor, que supo luchar con el sufrimiento y permanecer en el cargo hasta el último suspiro:

> Sí, se puede gobernar también con el sufrimiento. Sin duda, es algo extraordinario. Pero después de un largo pontificado y después de tanta vida activa del papa, era significativo y elocuente un tiempo de sufrimiento, que devino casi en una forma de gobierno.[5]

El papa Benedicto, como ya hemos leído en su renuncia, aducía debilidad física y vejez, para renunciar a su cargo, aunque posiblemente las razones estén más cerca de lo que comentaba la revista *La Civiltà Cattolica*: [6]

> El papa renuncia al ministerio petrino no porque se siente débil, sino porque advierte que están en juego desafíos cruciales que requieren energías frescas.[7]

Aunque como antes apuntábamos, la *renuntiatio pontificalis* no es algo ajeno al papado ni a su historia, los casos han sido contados.

En primer lugar, la renuncia tiene que ser voluntaria. No está escrito en ninguna parte del derecho canónico a quién tiene que presentar un papa su renuncia, pero, desde el siglo XVIII, los especialistas en derecho canónico han dicho que lo más conveniente es hacerlo al Colegio Cardenalicio.

Las renuncias han sido contadas. La primera se produjo en el siglo III bajo el pontificado de Ponciano, a principios del siglo IV se dio la de Marcelino y a mediados del mismo siglo la de Liberio. Después hubo un tiempo bastante prolongado en el que no hubo renuncias, hasta el siglo XI, cuando Juan XVIII dejó su cargo para retirarse a un monasterio. En el siglo XI también se produjo la dimisión del papa Benedicto IX, pero volvió al papado unos años más tarde. En el siglo XIII se dio el caso de Celestino V y el último fue el de Gregorio XII, en el año 1415. En los últimos 600 años no había vuelto a suceder. Sin embargo, sí hubo una renuncia obligada de Pío VII, ante las amenazas de Napoleón, y una carta de renuncia escrita por el papa Pío XII, redactada para que se usara en el caso de ser secuestrado por los nazis.

La renuncia de Benedicto XVI era totalmente legal, aunque sin duda plantea más preguntas, no disminuye las incertidumbres a las que se enfrenta la Iglesia Católica.

La renuncia y la convocación del cónclave

Benedicto XVI puso como límite de su pontificado el 28 de febrero del año 2013. En ese momento, la inmensa maquinaria del Vaticano se puso en marcha para convocar el segundo cónclave del siglo XXI.

Ratzinger continuó con sus actividades programadas durante los días que siguieron a su renuncia, pero ya nada era igual. Miles de peregrinos y periodistas comenzaron a llegar a Roma para ser testigos del cambio de papa. Un acontecimiento que sucede varias veces en el curso de una vida, pero que para los fieles católicos cobra un interés extraordinario.

El día 27 de febrero, Benedicto XVI realizó su última audiencia y al día siguiente, a las 16:55 horas, partió para la residencia veraniega de los papas en Castel Gandolfo, donde tenía previsto permanecer por dos meses. Tras su llegada a la residencia de verano, pronunció su último discurso. Pasado el plazo de dos meses, el papa Benedicto había planeado vivir en el convento Mater Ecclesiae, que se encuentra dentro de la Ciudad del Vaticano.

Uno de los problemas que se planteó tras su dimisión fue el trato que debería recibir, cuando fuera elegido su sucesor. Se barajaban los de Papa Emérito o Romano Pontífice Emérito. Su anillo sería rayado, para que no se pudiera utilizar, ya que sirve para validar los documentos vaticanos.

El cónclave del 2013 estuvo presidido por Tarcisio Bertone, camarlengo del Vaticano.

El cónclave

La fecha para inicio del cónclave fue el 12 de marzo de 2013. Los cardenales no deseaban que pasara mucho tiempo entre la renuncia del papa Benedicto y la elección del nuevo papa. La situación de la Iglesia requería de prontitud en la elección. La Iglesia Católica está envuelta en un plan de Nueva Evangelización y requiere de una cabeza visible y un líder dinámico que la dirija.

La llamada a todos los cardenales menores de 80 años fue el primer paso que se dio para convocar al cónclave al Colegio Cardenalicio. El plazo medio para comienzo de un cónclave tras quedarse una sede vacante es de quince o veinte días. En este caso, al no haber exequias ni otro tipo de ceremonia por el fallecimiento del pontífice, el proceso se podía acelerar. Además, al ser renuncia, los cardenales estaban avisados de la fecha de sede vacante que se iba a producir.

Para poder adelantar la fecha del cónclave, ya que la mayoría de los cardenales habían acudido a Roma para despedirse del papa Benedicto, el pontífice promulgó un *motu proprio* el 25 de febrero, que autorizaba al Colegio Cardenalicio a poner la fecha de comienzo del cónclave.

La fecha elegida para el cónclave fue el 4 de marzo. Después de una semana de deliberaciones y en espera de los 115 cardenales con derecho a voto y ser elegidos, se decidió que la fecha final de inicio del cónclave sería el 12 de marzo, quedando los cardenales aislados desde aquel momento hasta la elección de un nuevo papa.

Los 115 cardenales pertenecían a los 5 continentes. Por Europa había 60 cardenales, 33 por todo el continente americano, 11 africanos y otros 11 de Asia y Oceanía, con 2 ausencias.

En este cónclave de 2013 se hablaba de unos 25 posibles papas, varios norteamericanos, varios latinos e italianos y algún africano, pero las apuestas se centraban en 6, aunque el número podía variar según la fuente que analizáramos.

El arzobispo Gerhard Mueller, responsable de la Congregación para la Doctrina de la Fe, comentó a varios medios: «Conozco muchos obispos y cardenales de América Latina que podrían asumir la responsabilidad de la Iglesia universal».[8]

Algunos ya apuntaban que el papa no sería de Europa, como el cardenal y arzobispo Gerhard Mueller en declaraciones en el *Rheinische Post*: «La Iglesia universal enseña que el cristianismo no se centra en Europa».[9]

El cardenal suizo Kurt Koch comentó a este respecto: «Sería bueno si hubiera candidatos de África o Sudamérica en el próximo cónclave».[10]

La lista de los papables era:

- **Joao Braz de Aviz** (Brasil, 65 años) Apoya la preferencia por los pobres en la teología para la liberación latinoamericana, pero no los excesos de sus impulsores. Su perfil bajo podría jugarle en contra.
- **Timothy Dolan**, (EUA, 62 años) se convirtió en la voz del catolicismo estadounidense tras ser nombrado arzobispo de Nueva York en el 2009.
- **Marc Ouellet** (Canadá, 68 años) es en la práctica el principal director de personal del Vaticano como jefe de la Congregación de obispos.
- **Gianfranco Ravasi** (Italia, 70 años) ha sido ministro de Cultura del Vaticano desde el 2007 y representa a la Iglesia en los mundos de las artes, la ciencia, la cultura e incluso ante los ateos.
- **Leonardo Sandri** (Argentina, 69 años) es una figura «transatlántica», nacido en Buenos Aires de padres italianos.
- **Odilo Pedro Scherer** (Brasilia, 63 años) se ubica como el candidato latinoamericano más fuerte. Arzobispo de Sao Paulo, la mayor diócesis en el mayor país católico, es conservador en su nación, pero en otras partes resultaría moderado.
- **Christoph Schoenborn** (Austria, 67 años) es un exalumno del papa Benedicto XVI con un acercamiento pastoral que el pontífice no tiene.
- **Angelo Scola** (Italia, 71 años) es arzobispo de Milán, una plataforma para el papado, y la principal apuesta de muchos italianos.
- **Luis Tagle** (Filipinas, 55 años) tiene un carisma que se suele comparar con el del fallecido Juan Pablo II.
- **Peter Turkson** (Ghana, 64 años) es el principal candidato africano. Jefe de la oficina de Justicia y Paz del Vaticano, es el portavoz de la conciencia social de la Iglesia y respalda la reforma financiera mundial.[11]

En esta lista tomada de *El Economista* de México del día 11 de febrero ni siquiera aparecía Jorge Mario Bergoglio. Tampoco se le mencionaba en otras muchas listas. No aparecía en la del New York Times del 10 de marzo de 2013 ni en otros muchos periódicos y revistas.

Ni siquiera un medio de prensa argentino como *Clarín* habló apenas de Bergoglio como posible papa, únicamente salió un artículo de los cardenales argentinos el día 13 de marzo y una breve reseña el día 12 de marzo de 2013, comentando que Bergoglio ganaba terreno en la posible elección.

¿Por qué nadie se fijó en Bergoglio que había sido el segundo candidato más votado en el cónclave del 2005?

Puede que de nuevo la figura discreta del papa Francisco le hiciera pasar desapercibido en los medios mundiales, incluidos los de su país.

La votación

El primer día de votación, el martes 12 de marzo de 2013, después de seguir el ritual habitual en las elecciones de papa, la primera fumata fue negra, algo que cabía esperar.

Al parecer, en la primera votación, muchos de los papables recibieron muy pocas papeletas. Angelo Scola y Odilo Scherer obtuvieron muy pocas papeletas. El italiano representaba al ala conservadora y más cercana a la mecánica del Estado Vaticano, mientras que Scherer, el cardenal brasileño, representaba a los más renovadores.

Uno de los cardenales con más apoyo, sobre todo por los votos americanos y europeos, fue desde la primera votación Bergoglio.[12]

El arzobispo de Nueva York, el cardenal Timothy Dolan, pidió a sus compañeros de América del Norte que votaran por el argentino.

Cuando llegó la cena del primer día de votaciones, aún había muchas dudas de si Scola era el mejor candidato. El arzobispo de París André Vingt-trois, con mucho peso entre los votos de Europa, comentó que Bergoglio era una solución mejor que Scola.[13]

El miércoles 13 de marzo de 2013 era el segundo día de votaciones. Parecía que el voto de Europa y América se iba para el argentino Bergoglio, pero aún quedaba mucho que decir. Italia posee el mayor número de cardenales del mundo.

Unos días antes, en las sesiones preparatorias, Bergoglio había hablado de la misericordia de la Iglesia y de la renovación espiritual que necesitaba la Iglesia Católica. A pesar de que el arzobispo de Buenos Aires no es un gran orador, sus palabras son de las que llegan al corazón. Concluye con la frase: «...terminar con la mentalidad carrerista de promociones y puestos de poder».[14]

Al parecer, en la primera votación de la mañana, algunos votos de Asia y África comenzaron a dirigirse hacia Bergoglio. En la segunda votación de la mañana, los apoyos a Bergoglio aumentaron y en la cuarta y última votación, la de la tarde, el argentino arrasó con 90 votos, 6 más que los que consiguió Benedicto XVI en el anterior cónclave.

A las 19:05 de la tarde se produjo la esperada fumata blanca. El nuevo papa era el cardenal argentino Jorge Mario Bergoglio, que a los pocos minutos tomó el nombre de Francisco, en honor a San Francisco de Asís, el santo más cercano a los pobres y fundador de la orden de los franciscanos. De esta manera, Bergoglio quería dejar constancia desde el principio de cuál era la apuesta más clara de su pontificado. Romper con la ostentación y el boato romano, que tanto daño le hace ante la imagen de una Iglesia pobre y cercana al pueblo.

El papa Francisco era el primer pontífice latinoamericano, de origen jesuítico y con una clara vocación por el pueblo cristiano, especialmente por el católico.

El nuevo papa era anunciado por el protodiácono Jean-Louis Tauran, con la fórmula latina:

Annuntio vobis gaudium magnum:
Habemus Papam;
Eminentissimum ac reverendissimum Dominum,
Dominum Georgium Marium
Sanctae Romanae Eccleasiae Cardinalem Bergoglio
Qui sibi nomen imposuit Franciscum.[15]

Las primera palabras del papa Francisco recorrieron la Plaza de San Pedro hasta el último lugar del mundo, como si se tratara de un relámpago:

Hermanos y hermanas, buenas tardes.

Sabéis que el deber del cónclave era dar un Obispo a Roma. Parece que mis hermanos Cardenales han ido a buscarlo casi al fin del mundo..., pero aquí estamos. Os agradezco la acogida. La comunidad diocesana de Roma tiene a su Obispo. Gracias. Y ante todo, quisiera rezar por nuestro Obispo emérito, Benedicto XVI. Oremos todos juntos por él, para que el Señor lo bendiga y la Virgen lo proteja.

(Padre nuestro. Ave María. Gloria al Padre).

Y ahora, comenzamos este camino: Obispo y pueblo. Este camino de la Iglesia de Roma, que es la que preside en la caridad a todas las Iglesias. Un camino de fraternidad, de amor, de confianza entre nosotros. Recemos siempre por nosotros: el uno por el otro. Recemos por todo el mundo, para que haya una gran fraternidad. Deseo que este camino de Iglesia, que hoy comenzamos y en el cual me ayudará mi Cardenal Vicario, aquí presente, sea fructífero para la evangelización de esta ciudad tan hermosa. Y ahora quisiera dar la Bendición, pero antes, antes, os pido un favor: antes que el Obispo bendiga al pueblo, os pido que vosotros recéis para que el Señor me bendiga: la oración del pueblo, pidiendo la Bendición para su Obispo. Hagamos en silencio esta oración de vosotros por mí....

Ahora daré la Bendición a vosotros y a todo el mundo, a todos los hombres y mujeres de buena voluntad.

(Bendición).

Hermanos y hermanas, os dejo. Muchas gracias por vuestra acogida. Rezad por mí y hasta pronto. Nos veremos pronto. Mañana quisiera ir a rezar a la Virgen, para que proteja a toda Roma. Buenas noches y que descanséis.[16]

Los tres puntos más interesantes del discurso fueron:

1. El papa del fin del mundo. Con esta frase, Francisco quería demostrar en cierto sentido, la universalidad de la Iglesia Católica y el fin de Roma y Europa como epicentro de la Iglesia Católica durante casi 2000 años.
2. El obispo-pueblo. El pueblo cristiano deber recuperar su protagonismo perdido, ya que es una parte fundamental de la Iglesia Católica. En cierto sentido, Bergoglio lo pone a la altura de la propia curia.
3. La oración del pueblo. Francisco buscó la oración del pueblo cristiano. Revela así uno de sus carismas, la oración como fuente de renovación de la Iglesia Católica.

El joven argentino hijo de emigrantes italianos, el estudiante de Química, el sacerdote jesuita, el profesor, el obispo auxiliar de Buenos Aires, el arzobispo sin pelos en la lengua, ahora tiene en sus manos el destino de la Iglesia Católica. ¿Cuáles serán sus primeras medidas? ¿Cómo imprimirá su carácter a la Iglesia Católica? ¿Qué hará en su misión de luchar contra la pobreza y contra la ostentación vaticana? ¿Cuáles serán sus principales directrices?

Parte III

Los cinco retos del nuevo papa Francisco

Capítulo 9

El primer papa de las Américas

> Salió un día Francisco al campo a meditar, y al pasear junto a la iglesia de San Damián, cuya vetusta fábrica amenazaba ruina, entró en ella, movido por el Espíritu, a hacer oración; y mientras oraba postrado ante la imagen del Crucificado, de pronto se sintió inundado de una gran consolación espiritual. Fijó sus ojos, arrasados en lágrimas, en la cruz del Señor, y he aquí que oyó con sus oídos corporales una voz procedente de la misma cruz que le dijo tres veces: «¡Francisco, vete y repara mi casa, que, como ves, está a punto de arruinarse toda ella!». Quedó estremecido Francisco, pues estaba solo en la iglesia, al percibir voz tan maravillosa, y, sintiendo en su corazón el poder de la palabra divina, fue arrebatado en éxtasis. Vuelto en sí, se dispone a obedecer, y concentra todo su esfuerzo en la decisión de reparar materialmente la iglesia, aunque la voz divina se refería principalmente a la reparación de la Iglesia que Cristo adquirió con su sangre.[1]

Cuando Bergoglio, a los pocos minutos de ser proclamado papa, el miércoles 13 de marzo de 2013, anunció su nombre, muchos debieron de quedar sorprendidos. Lo más normal es que los papas se pongan el nombre de un pontífice que les haya precedido, identificándose con su carisma y misión. El caso de Juan

Pablo II es uno de los más significativos, que tomó su nombre tras la prematura muerte de Juan Pablo I, como señal de la continuación de su trabajo apostólico. El propio Benedicto XVI se inspiró en Benedicto XV, el sumo pontífice de entreguerras, como ya hemos contado, pero ¿por qué un papa de origen jesuítico se pone el nombre del fundador de la orden franciscana?

El papa Francisco aludió a la elección del nombre en honor al fundador de los franciscanos y su defensa de los pobres. Algunos pensaron que sería Francisco I, pero el nuevo papa negó esa posibilidad. ¿Tenía Francisco la idea de que su nombre sonara más campechano?

Francisco es el primer papa que no usa un número para identificarse de posibles sucesores con su nombre. Aunque Lombardi ya ha advertido que el nombre pasará a ser Francisco I, cuando haya otro papa con el mismo nombre.

Pero la primera pregunta sigue presente: ¿por qué un jesuita toma el nombre de un franciscano? San Ignacio de Loyola también fue un hombre entregado a los pobres, que daba mucha importancia al voto de pobreza.

El papa Francisco lo explicó en una de sus entrevistas. Al parecer, el cardenal brasileño, Claudio Hummes, se sentó junto a él y le advirtió cuando estaba a punto de ser nombrado papa:

> Cuando la cosa se estaba poniendo un poco peligrosa, él me reconfortaba, y cuando los votos alcanzaron los dos tercios y llegó el aplauso me abrazó, me besó y me dijo: «No te olvides de los pobres». Y esa palabra entró en mi cabeza, los pobres, los pobres. En relación a los pobres pensé en San Francisco de Asís, luego pensé en las guerras mientras el escrutinio continuaba. Francisco es el hombre de la pobreza, el hombre de la paz, el hombre que ama y custodia a la Creación. Cómo me gustaría una Iglesia pobre y para los pobres.[2]

Está claro que las razones del papa Francisco son contundentes, pero al leer el libro de San Buenaventura y el llamamiento que Francisco de Asís recibe ante el crucifijo de San Damián, se intuye que la misión del papa Francisco será mucho más profunda y difícil que hacer una Iglesia más cercana a los pobres:

> Fijó sus ojos, arrasados en lágrimas, en la cruz del Señor, y he aquí que oyó con sus oídos corporales una voz procedente de la misma cruz que le dijo tres veces: «¡Francisco, vete y repara mi casa, que, como ves, está a punto de arruinarse toda ella!».[3]

La orden y el imperativo hacia San Francisco son claros. Es una señal de alarma, pero suena también como súplica: «vete y repara mi casa».

¿Será Francisco un papa reformista?

Francisco, el papa de las reformas

Los antecesores del actual papa fueron hombres de continuidad. Es cierto que Juan Pablo II tuvo un carisma especial, pero no produjo ningún cambio ni reforma significativa en las formas ni en el fondo de la Iglesia Católica.

La estructura de la Iglesia Católica sigue inamovible desde hace siglos y los intentos de transformación del Concilio Vaticano II se quedaron a medias. Es cierto que se hicieron cambios en la liturgia, que se dio algo más de protagonismo a los laicos y se modernizó en algunas cosas el propio sistema político y económico de la Iglesia, pero la mayoría de las reformas cayeron en saco roto.

El programa de reforma que planteaba Juan Pablo I fue mucho más ambicioso en los pocos meses que duró su pontificado que el largo papado de Juan Pablo II y el pontificado de Benedicto XVI.

Juan Pablo I dejó el estilo indirecto en los discursos y el plural mayestático, para hablar con un lenguaje más cercano. Abandonó la práctica de recibir desde la silla gestatoria, el trono de los papas, a sus visitas oficiales. De esta manera renunciaba a la figura de monarca de la Iglesia que se venía practicando desde la Edad Media.

Juan Pablo I tomó como lema de su pontificado *Humilitas* («humildad»), lo que se reflejó en el rechazo a ponerse la tiara papal[4] en la ceremonia de entronización, cambiándola por una simple investidura. Aunque es cierto que sus sucesores, Juan Pablo II y Benedicto XVI, también desecharon esta práctica.

Una de las declaraciones más polémicas de Juan Pablo I fue «Dios es padre, y más aún es madre»,[5] basándose en el texto de Isaías 49.14 y 15.[6] Aunque su principal aportación era una encíclica que pretendía dar un impulso sin precedentes al Concilio Vaticano II, con la intención de que ese relanzamiento se convirtiera en un hecho de alcance histórico.

También quería reformar la curia, el sacerdocio y la redistribución de la riqueza material de la Iglesia Católica, haciendo que las parroquias más ricas dieran el 1% a las iglesias del Tercer Mundo.

En el terreno político, Juan Pablo I fue también muy beligerante. En la visita al Vaticano de Jorge Rafael Videla, dictador de Argentina, el pontífice le recordó las violaciones de los derechos humanos en su país.

Francisco parece más cerca de este estilo desenfadado de papa que del estilo de Benedicto XVI, mucho más sobrio.

Algunas de sus acciones ya están mostrando la nueva línea de Francisco. En su primera homilía ante los cardenales y fieles se centró en San José, el esposo de la Virgen María y custodio o guardián de Jesús y María cuando estuvieron en peligro. De esta custodia de San José, el papa Francisco hace una extrapolación para nuestros días:

> Pero la vocación de custodiar no sólo nos atañe a nosotros, los cristianos, sino que tiene una dimensión que antecede y que es simplemente humana, corresponde a todos. Es custodiar toda la creación, la belleza de la creación, como se nos

dice en el libro del Génesis y como nos muestra san Francisco de Asís: es tener respeto por todas las criaturas de Dios y por el entorno en el que vivimos.[7]

El papa Francisco habla del cuidado de la naturaleza y del ser humano como misión de los cristianos, pero también de todo hombre creado por Dios.

Esta vocación de custodiar la desgrana en cuatro puntos: preocuparse por todos y por cada uno con amor, preocuparse por la familia, vivir con sinceridad la amistad y preocuparse también por la creación de Dios.

En la homilía pone un especial énfasis en la responsabilidad de los gobernantes en esta labor de custodios. No olvidemos que allí ya había muchos representantes políticos de todo el mundo:

> Quisiera pedir, por favor, a todos los que ocupan puestos de responsabilidad en el ámbito económico, político o social, a todos los hombres y mujeres de buena voluntad: seamos «custodios» de la creación, del designio de Dios inscrito en la naturaleza, guardianes del otro, del medio ambiente; no dejemos que los signos de destrucción y de muerte acompañen el camino de este mundo nuestro.[8]

El papa Francisco comenta además la importancia de cultivar el hombre interior; si no nos cuidamos a nosotros mismos, difícilmente podemos cuidar a los que nos rodean:

> Pero, para «custodiar», también tenemos que cuidar de nosotros mismos. Recordemos que el odio, la envidia, la soberbia ensucian la vida. Custodiar quiere decir entonces vigilar sobre nuestros sentimientos, nuestro corazón, porque ahí es de donde salen las intenciones buenas y malas: las que construyen y las que destruyen. No debemos tener miedo de la bondad, más aún, ni siquiera de la ternura.[9]

Por último llama el papa Francisco a la valentía de amar y ser tiernos con los que nos rodean, para que no pensemos que el amor es más débil que el odio o el rencor:

> Y aquí añado entonces una ulterior anotación: el preocuparse, el custodiar, requiere bondad, pide ser vivido con ternura. En los Evangelios, san José aparece como un hombre fuerte y valiente, trabajador, pero en su alma se percibe una gran ternura, que no es la virtud de los débiles, sino más bien todo lo contrario: denota fortaleza de ánimo y capacidad de atención, de compasión, de verdadera apertura al otro, de amor. No debemos tener miedo de la bondad, de la ternura.[10]

Para concluir quiso llevar un mensaje de esperanza, utilizando el texto de Romanos 4.18, en el que se cuenta cómo creyó el patriarca Abraham: «El creyó en esperanza contra esperanza, para llegar a ser padre de muchas gentes, conforme a lo que se le había dicho: Así será tu descendencia».

La homilía refleja ese espíritu de custodios o mayordomos de lo que Dios nos ha dado, frente a una sociedad basada en la posesión material.

Otro de los primeros gestos del papa Francisco ha sido rechazar el Anillo del Pescador, de oro, con el que se sella los documentos del Vaticano, por otro más modesto de plata. También se comentaba que haría algo parecido con la cruz que suele portar de oro, sustituyéndola por una de hierro.

Otro de sus gestos inmediatos fue su negativa a utilizar el papamóvil y que el primer día se desplazara en uno de los coches de la policía.

En su primer desfile por la Plaza de San Pedro se bajó en varias ocasiones para saludar a la gente, menos preocupado por su seguridad que por la cercanía con los fieles.

Estos gestos demuestran su talante, pero ¿se quedarán en simples gestos? Esa es la gran pregunta, que únicamente será respondida cuando lleve algún tiempo en su cargo.

Lo cierto es que, siendo arzobispo de Buenos Aires, rechazó la casa arzobispal, un palacete cerca de la residencia de los presidentes de la República. También era normal que viajara en transporte público.

Sin duda, el papa Francisco es un hombre sencillo y que habla con todo el mundo. Uno piloto de Alitalia llamado Aldo Cagnoli, al que conocía de sus frecuentes viajes a Roma, lo describe de esta manera. Este piloto ve a Bergoglio como un ejemplo del hombre que, en lugar de levantar muros escudándose en su sabiduría o su cargo, sabe afrontar la crítica, es capaz de respetar al prójimo y está abierto a seguir aprendiendo cosas.[11]

En contra de los valores del mundo actual, en la que la grandeza del hombre está en su cargo, su cuenta corriente o su fama, Cagnoli descubrió enseguida la grandeza que hay en el servicio y la humidad y lo expresó con palabras contundentes a los periodistas Sergio Rubin y Francesca Ambrogetti:

> Su grandeza está en su sencillez unida a su gran sabiduría, su simpatía unida a su seriedad, su apertura mental unida a su rectitud, la capacidad de escuchar y aprender de todos, aun teniendo tanto para enseñar. Creo que hace en forma simple y, a la vez extraordinaria, lo que muchos hombres de dentro y fuera de la Iglesia deberían hacer y, lamentablemente, no hacen.[12]

Entonces, si el papa Francisco tenía tantas virtudes, ¿por qué, como ya hemos señalado, no estaba entre los favoritos? Posiblemente la sociedad y la propia jerarquía católica pensaban que lo que necesitaba la Iglesia era un papa bisagra, para superar la crisis coyuntural en la que se encuentra, y no un reformador que cambie a fondo la institución y la forma de la Iglesia Católica.

La agenda marcada desde afuera

El mundo entero observa al nuevo papa y espera que se produzcan cambios rápidos y visibles en algunas esferas de la Iglesia

Católica. Naturalmente, Francisco tiene un proyecto más a largo plazo, que no pasa por medidas populistas en la dirección que esperan los medios de comunicación. No olvidemos que Bergoglio es bastante conservador en lo que a doctrina se refiere y no dará un giro brusco en algunos de los temas más acuciantes.

La mayoría de los periódicos y medios informativos hablan de cuatro temas principales: los escándalos de pederastia, la transparencia en las cuentas vaticanas, el posicionamiento de la Iglesia en cuestiones sociales (matrimonio homosexual, aborto, eutanasia) y el descenso en el número de feligreses.[13] Aunque otros añaden a estos cuatro el diálogo interreligioso.

1. Los escándalos de pederastia

Preocupan a la Iglesia Católica, como no podría ser de otra manera, pero las medidas principales ya las tomó el anterior papa Benedicto, a Francisco únicamente le queda ejecutar la misma política y hacer algunos gestos con respecto a los responsables máximos.

Los escándalos de tipo sexual no son algo nuevo. En la década de los años cincuenta ya había numerosos casos denunciados y existía una orden religiosa fundada por el padre Gerald Fitzgerald para ayudar a los niños abusados y tratar a los sacerdotes abusadores. Fitzgerald comenzó su ministerio dirigido a sacerdotes que caían víctimas del alcohol o las drogas, pero enseguida comprobó que había también casos de sacerdotes abusadores de menores.

El padre Gerald fue uno de los primeros en advertir a la jerarquía de la Iglesia de la necesidad de actuar de inmediato para afrontar el problema.

En una carta dirigida al obispo Robert Dwyer de la ciudad de Reno, en el año 1952, Fitzgerald decía:

> Yo me inclinaría a favor de la laicización de cualquier sacerdote, basándonos en la evidencia objetiva, dado que estropean la virtud de los jóvenes, mi argumento es, desde este

> punto en adelante, que el amor al Cuerpo Místico debe tener prioridad sobre la caridad con el individuo [...] Por otra parte, en la práctica, las conversiones reales serán extremadamente raras [...] Por lo tanto, si se les deja en el servicio o cambiando de diócesis en diócesis se está contribuyendo al escándalo o al menos a la probabilidad del escándalo.[14]

Se creó para los sacerdotes el Instituto San Lucas, para tratar a curas con problemas. Las estadísticas de este centro de atención son contundentes: desde el año 1985 al año 2008, 365 sacerdotes se sometieron al tratamiento por abusos sexuales a menores de edad, y el 6%, un total de 22, tuvieron alguna recaída.

El padre Fitzgerald incluso puso en marcha un plan para hacer una residencia para este tipo de sacerdotes en una isla en Barbados, centrada en su recuperación y aislamiento. Una especie de penitenciaria para los casos más peligrosos, pero, tras la muerte del padre, no se llevó a cabo el proyecto.

En Estados Unidos se produjeron en los últimos años unas 3.000 demandas civiles por casos de pederastia contra la Iglesia Católica.[15] Esta cifra también fue reconocida por el fiscal del Vaticano en marzo del 2010.[16] El fiscal del Vaticano para los casos de pederastia, monseñor Charles J. Scicluna, reconocía en esa misma entrevista que la Iglesia Católica tiene cuantificados casos desde el año 1922, año en el que se publicó la famosa instrucción *Crimen Sollecitationes*.[17]

Tras las primeras actuaciones del papa Pío XI, Juan XXIII reeditó las instrucciones para actuar en los casos de pederastia. De hecho, las declaraciones oficiales sobre este problema se remontan al año 1962, cuando el cardenal Alfredo Ottaviani, secretario de la Congregación para la Doctrina de la Fe, mandó una orden a los arzobispos, obispos y patriarcas para que vigilaran ese tema y enviaran cualquier caso a las oficinas de la congregación.

El papa Juan Pablo II, en unas declaraciones el 25 de abril del año 2002, condenaba a los sacerdotes pedófilos:

> También a mí me ha dolido profundamente el hecho de que algunos sacerdotes y religiosos hayan causado tanto sufrimiento y escándalo a los jóvenes. Debido a ese gran daño hay desconfianza en la Iglesia, y muchos se sienten ofendidos por el modo en que han actuado los responsables eclesiásticos.[18]

En el mismo mensaje también reconocía los propios errores de la Iglesia en el tratamiento del tema:

> Con toda sencillez, el papa reconoció que, durante muchos años, la falta de conocimiento científico sobre la pederastia y una excesiva confianza de los psiquiatras en sus terapias «llevó a los obispos a tomar decisiones que, posteriormente, se demostraron erróneas».[19]

El papa Benedicto XVI también habló del tema en varias ocasiones y es el que más medidas tomó para frenar esta horrible práctica. En noviembre del 2005 publicó un polémico documento titulado: *Sobre los criterios de discernimiento vocacional concernientes a las personas con tendencias homosexuales.*

Desde el comienzo del pontificado de Benedicto XVI, los esfuerzos por atajar el problema se aceleraron, pero eso no impedía que en numerosos países saltaran escándalos sobre el tema. Casos en Canadá, Irlanda, Reino Unido, México, Bélgica, Francia, Alemania y Australia. Esto propició las dimisiones de varios cargos eclesiásticos, como el cardenal Hans Hermann Groër, arzobispo de Viena, acusado de abusos sexuales. Pero uno de los casos más escandalosos fue el de la acusación al padre Marcial Maciel, fundador de los Legionarios de Cristo.

En los últimos años también se han descubierto casos en países del Tercer Mundo, sobre todo en África y Asia. En total el problema podía haber afectado a unas 10.667 víctimas entre los años 1950 y 2002 y unos 4.392 sacerdotes acusados. De estos, unos 3000 estarían siendo juzgados en la actualidad. Del total de casos, la Iglesia Católica ya habría reconocido unos 4.000 en los últimos diez años.[20]

¿Cuál es la postura del papa Francisco sobre el tema?

La postura de Francisco parece tajante en este tema y no ve relación entre esto y el celibato. Él piensa que en la mayoría de los casos la pedofilia se da en el entorno más cercano de los menores; muchos padres, tíos o padrastros serían los primeros abusadores, por eso Bergoglio sostiene que el que cae en esta conducta tiene un problema patológico, que estaba enfermo antes de ser sacerdote.[21]

El papa Francisco parece partidario de que se actué rápidamente en los casos de pedofilia:

> Si un cura es pedófilo, lo es antes de ser cura. Ahora, cuando eso ocurre, jamás hay que hacer la vista gorda. No se puede estar en una posición de poder y destruir la vida a otra persona. En la diócesis nunca me pasó, pero un obispo me llamó una vez por teléfono para preguntarme qué había que hacer en una situación así y le dije que le quitara las licencias, que no le permitiera ejercer más el sacerdocio, y que iniciara un juicio canónico [...] Para mí, esa es la actitud a tomar, no creo en las posiciones que plantean sostener cierto espíritu corporativo para evitar dañar la imagen de las instituciones [...] Recientemente en Irlanda se destaparon casos que llevaban como veinte años, y el papa actual dijo claramente: «Tolerancia cero con ese crimen». Admito la valentía y la rectitud de Benedicto XVI en ese asunto.[22]

El papa Francisco ha puesto en marcha esta medida en cuanto ha tomado posesión del cargo. Según el diario italiano *Il Fatto Quotidiano*, uno de los primeros cardenales en recibir su rechazo ha sido Law, quien fue arzobispo de Boston y dimitió en el 2002 por los escándalos de su diócesis. Al parecer, Law pudo proteger a unos 250 curas pederastas entre los años 1984 y el 2002. Cuando el cardenal Law quiso acercarse al papa

Francisco para felicitarle, cuentan que se le cambió el rostro y comentó: «No quiero que siga frecuentando esta Basílica».[23]

Aunque queda sin confirmar por el Vaticano, al parecer, le dio un plazo de veinticuatro horas para abandonar su cargo y sus habitaciones en la Ciudad del Vaticano. [24]

2. La transparencia en las cuentas vaticanas

El papa Francisco ya se ha declarado defensor de los pobres, pero la Iglesia Católica es una de las más ricas del mundo. Los recientes escándalos desatados por el denominado caso Vatileaks tienen todavía conmocionada a la curia de Roma.

No sabemos cuáles habrían sido las primeras reacciones del papa Francisco cuando recibió el informe Vatileaks el día 18 de marzo,[25] pero todos imaginaban que en unas semanas comenzarían a verse los primeros resultados. El padre Lombardi manifestó a la prensa, como portavoz del Vaticano, que Francisco no habría tenido tiempo de leer los informes.[26] Pero, conociendo el carácter del nuevo papa, no tardará mucho en tomar medidas.

El informe fue redactado por una comisión creada en la primavera del año pasado por Benedicto XVI. La comisión constaba de tres cardenales: el español Julián Herranz, Jozef Tomko y Salvatore De Giorgi. Al parecer, los cardenales interrogaron a treinta personas y el informe fue entregado en diciembre del año pasado a Benedicto XVI. Algunos cardenales pidieron antes del cónclave ver el informe, pero no les fue concedida su petición. Pero ¿qué hay en ese famoso informe?

Algunos escritores, como Eric Frattini, hablan de una lucha fraticida dentro de la Ciudad del Vaticano entre los partidarios de Tarcisio Bertone, secretario de Benedicto XVI y en especial sintonía con este, contra el cardenal Angelo Sodano, decano del Colegio Cardenalicio.[27]

El libro del italiano Gianluigi Nuzzi titulado *Su santita. Le carte Segrete di Benedetto XVI*, del año 2012, proporciona detalles sobre las cuentas privadas, cartas y memorandos confidenciales del papa. En algunos de los papeles se habla de desfalcos y estafas que ha sufrido la Santa Sede. También se menciona el escándalo de una supuesta donación acordada entre el anterior presidente de la RAI y el papa Benedicto XVI para la concesión de una entrevista, así como información comprometida sobre los Legionarios de Cristo y su fundador. Al parecer, todos estos documentos fueron robados por Paolo Gabriele, asistente personal de Benedicto XVI.

El papa Benedicto XVI intentó minimizar la importancia de los papeles filtrados y perdonó la condena de su asistente.

El cardenal de Lima, Cipriani Thorne comentó en una entrevista que el caso Vatileaks podía haber influido a la hora de no elegir un papa romano. También opinó sobre el propio informe:

> Yo creo que sí. No sabemos mayor cosa del tema, la verdad es esta. Pero sí que ha habido un clima de decir «bueno, aquí lo que ha ocurrido hay que aclararlo y limpiarlo». Evidentemente, por A o por B, los que están más cercanos de una manera han sido como dejados de lado, pero no como un acuerdo, ni echando la culpa de nada. Pero, sí, ese elemento ha estado presente.[28]

El arzobispo de Lima comentó sobre el papa Francisco y su reacción ante el caso:

> Pero sí, (Francisco) nos dará una señal cuando empiece a elegir a su gente, a sus colaboradores. Yo creo que es un clamor de los cardenales la necesidad de simplificar muchas cosas en la curia, seguir ganando en transparencia y estar más cerca al pueblo fiel.[29]

Hasta el momento de redactarse estas líneas, Francisco ha confirmado provisionalmente en el cargo al secretario papal Tarcisio Bertone, pero muchos creen que el nuevo papa terminará formando su propio equipo.

En cuanto a las finanzas vaticanas y una hipotética venta de antigüedades o una Iglesia institucional más pobre, el papa Francisco piensa que a veces se confunde un museo, que es lo que es el Vaticano, con un lugar repleto de oro. La religión necesita dinero para mantenerse, por eso el papa dice:

> El tema es el uso que uno hace del dinero que recibe en calidad de limosna o contribuciones. El balance vaticano es público, siempre da déficit: lo que entra en donaciones o por visitas al museo va a la leprosería, a escuelas, a comunidades africanas, asiáticas, americanas.[30]

Sobre el Banco Ambrosiano, Francisco elogió la actuación de Juan Pablo II, cuando condenó abiertamente las maquinaciones de esa entidad.[31]

Aunque, como hemos comentado, lo que sí parece decidido a hacer el nuevo papa es terminar con la ostentación. Para él, la verdadera caridad no tiene que ver con el egoísmo. En muchas reuniones benéficas se busca satisfacerse uno mismo y no hacer un bien al otro, y esto el papa Francisco lo ve como la antítesis de la caridad. El verdadero amor está en que nos pongamos al servicio del prójimo que decimos amar, lo otro es apenas una caricatura de la verdadera caridad.[32] Para el papa Francisco, los pobres son el tesoro de la Iglesia Católica.[33]

3. El posicionamiento de la Iglesia en cuestiones sociales (matrimonio homosexual, aborto, eutanasia, etc.)

El nuevo papa está en la línea conservadora de los dos últimos pontífices. Eso no quiere decir que piense de manera exactamente igual que sus antecesores en el cargo.

El tema del matrimonio homosexual y la defensa de la familia han sido los dos caballos de batalla de la Iglesia Católica en la última década. El posicionamiento oficial de la Iglesia Católica ante la homosexualidad es firme. Condena la práctica homosexual, pero no a la persona.

La Congregación para la Doctrina de la Fe declaró en el año 1975:

> Según el orden moral objetivo, las relaciones homosexuales son actos privados de su regla esencial e indispensable. En las Sagradas Escrituras están condenados como graves depravaciones e incluso presentados como la triste consecuencia de una repulsa de Dios.[34]

La Iglesia Católica establece una distinción entre la inclinación homosexual u homosexualidad y la actividad homosexual u homosexualismo. Enseña que la primera no es pecado en sí misma, pero inclina a actos que sí lo son.

En 1995, la Congregación para la Doctrina de la Fe publicó algunas reflexiones sobre cómo se trataban ciertos temas en las leyes de Estados Unidos. Sobre todo comentaba los temas de adopción de niños y matrimonio homosexual:

> Las personas homosexuales, como seres humanos, tienen los mismos derechos de toda persona, incluyendo el no ser tratados de una manera que ofenda su dignidad personal. Entre otros derechos, toda persona tiene el derecho al trabajo, a la vivienda, etc. Pero estos derechos no son absolutos; pueden ser limitados legítimamente ante desórdenes externos de conducta [...] Existen áreas en las que no es una discriminación injusta tener en cuenta la inclinación sexual, por ejemplo en la adopción o el cuidado de niños, en empleos como el de maestros o entrenadores de deportes y en el reclutamiento militar [...] La «orientación sexual» no constituye una cualidad comparable a la raza, el grupo étnico, etc., con respecto a la no discriminación. A diferencia de éstas, la orientación homosexual es un desorden objetivo.[35]

La opinión del actual papa está muy cerca de los dictámenes oficiales de la Iglesia Católica con respecto al matrimonio homosexual. Para Francisco, la base del derecho natural se encuentra expresada de una manera magistral en la propia Biblia. La Biblia reconoce que la unión es siempre entre el hombre y la mujer. Francisco no discute que siempre haya existido la homosexualidad. Es una realidad histórica que se ha dado desde la antigüedad, pero la novedad es la actitud ante la realidad homosexual. En el mundo actual, el papa piensa que se ha convertido a la unión civil entre dos hombres en un «matrimonio» equiparando derechos y tipo de relación. Para él, esto es sencillamente un retroceso antropológico y resta valor al matrimonio tradicional.[36]

Con respecto a la adopción de niños por parejas homosexuales, la opinión del papa Francisco también es contundente:

> Si hay una unión de tipo privado, no hay un tercero ni una sociedad afectada. Ahora, si se le da categoría matrimonial y quedan habilitados para la adopción, podría haber chicos afectados. Toda persona necesita un padre masculino y una madre femenina que ayuden a plasmar su identidad.[37]

El aborto es otro de los temas polémicos para la sociedad. La Iglesia Católica lucha por frenar las leyes que permitan las prácticas abortivas, en una defensa de la vida y los derechos del feto.

La Congregación para la Doctrina de la Fe, en su declaración sobre el aborto, toca el tema ampliamente. En primer lugar habla el documento sobre la defensa de la vida. Para ello cita el texto del libro de Sabiduría 1.13: «Dios no hizo la muerte; ni se goza en la pérdida de los vivientes».[38]

En el informe se dan varias razones para la defensa de la vida:

> En la *Didaché* se dice claramente: «No matarás con el aborto al fruto del seno y no harás perecer al niño ya nacido». Atenágoras hace notar que los cristianos consideran homicidas a las

> mujeres que toman medicinas para abortar; condena a quienes matan a los hijos, incluidos los que viven todavía en el seno de su madre, «donde son ya objeto de solicitud por parte de la Providencia divina». Tertuliano quizá no ha mantenido siempre el mismo lenguaje; pero no deja de afirmar con la misma claridad el principio esencial: «Es un homicidio anticipado el impedir el nacimiento; poco importa que se suprima la vida ya nacida o que se la haga desaparecer al nacer. Es ya un hombre aquel que está en camino de serlo».[39]

También es cierto que este documento fue escrito en el año 1974 y ratificado por Pablo VI, por lo que Francisco podría pedir que se actualizara.

La opinión del nuevo papa a este respecto también está muy próxima a estas tesis. Aunque es muy curiosa su manera de plantarla. Para él, el aborto no es un problema religioso, es un problema moral. El papa piensa que cuando se crea el nuevo ser, este ya tiene su ADN, su carga genética que le convierte en persona. Eso hace que el problema sea científico y no teológico; para él, está separado de la moral religiosa en sí, ya que impedir la vida es un problema ético. Francisco considera que el derecho a la vida es el primero y el más importante de los derechos y que abortar es matar a alguien que no puede defenderse.[40]

4. El descenso en el número de feligreses

Uno de los problemas más acuciantes de la Iglesia Católica es el descenso de su número de fieles y de vocaciones sacerdotales. A pesar de que la Iglesia Católica sigue creciendo en continentes como África o Asia, el descenso es muy acusado en Europa, América del Norte y Latinoamérica.

¿Por qué se produce este rápido decrecimiento? Las razones son múltiples. En Europa, sobre todo en países de gran tradición católica como Italia, España o Portugal, el decrecimiento se debe al fuerte secularismo de la sociedad.

El propio papa Benedicto XVI habló de este «ataque» a la fe por parte de la sociedad secularizada en sus viajes a España. En algunas declaraciones hechas a los obispos españoles en julio del año 2006, el papa Benedicto les dice:

> Conozco y aliento el impulso que estáis dando a la acción pastoral, en un tiempo de rápida secularización, que a veces afecta incluso la vida interna de las comunidades cristianas.[41]

Algunos países, como Polonia, parecen resistir este descenso de fieles y vocaciones sacerdotales, pero en el caso de España en la actualidad habría un 70,8% de católicos. Sin embargo, a la hora de hablar de católicos practicantes, las cifras se desplomarían hasta el 13,6% de fieles que van a misa una vez a la semana y un 59,8% de católicos que no asisten nunca o casi nunca.[42] En otros países católicos de Europa las cifras serían muy similares.

En Europa, el caso de las vocaciones es un problema aun más preocupante. El teólogo José María Vigil destaca la grave situación de estas en el viejo continente y habla de «colapso» en las vocaciones. El teólogo menciona cómo, en un artículo de la revista *Sal Terrae*, José María Mardones comentaba que podíamos llegar a un punto de «no retorno».[43]

Si peligrosa es la falta de vocaciones, no lo es menos el envejecimiento de los sacerdotes, con medias de edad que rondan los 65 años. Es cierto que la media de los europeos es alta, 41,1 años en España,[44] y que la población en general está envejecida, pero la de los sacerdotes está muy por encima. Lo que plantea Mardones es que puede perderse toda una generación de sacerdotes, y ese hueco es insustituible.[45]

La crisis económica en Europa ha dado un respiro a las pocas vocaciones de los seminarios. En el 2011 crecieron un 4% en España con respecto al año 2010, pero, como los fallecimientos superan a los nuevos sacerdotes ordenados, las cifras son alarmantes, se pierden un total de 200 sacerdotes. La llegada de extranjeros y de algunos hombres de mediana edad a los seminarios de Europa está reduciendo un poco estos márgenes. En el 2010, únicamente se ordenaron 122 curas en toda España y hay un total de 1.278 seminaristas en los seminarios católicos.[46]

Si hablamos de estadísticas más generales nos encontramos con que el número de sacerdotes europeos es el mayor, tanto de diocesanos como de religiosos. Se calcula que en el mundo hay 275.542 sacerdotes y 135.051 religiosos, siendo 133.997 y 57.058 de ellos, respectivamente, europeos. Estas cifras son más elevadas que en cualquier otra región del mundo.

La media de feligreses por sacerdote es de 2.857,51. El número de seminaristas en el mundo es de 117.978 seminaristas mayores y 25.566 seminaristas menores. Aquí sí vemos la diferencia. Los seminaristas de África y Asia superan a los de Europa y comienzan a igualar a los de América.[47]

El caso de las religiosas en Estados Unidos también es significativo, reduciéndose casi a la mitad en poco más de veinticinco años: de las 181.000 religiosas del año 1966 a las 92.000 de 1993.[48]

A estas estadísticas hay que unir el número de sacerdotes que se casaron o dejaron el servicio sagrado por otra causa. En Francia, la tasa de ordenaciones bajó un 8% anual desde 1947.[49] En un período de treinta años a finales del siglo XX se secularizaron unos 80.000 sacerdotes y religiosos por todo el mundo.[50]

El descenso en el número de seminaristas y fieles en América, sobre todo en la de habla hispana y portuguesa, es otra de las tendencias que más preocupa al Vaticano.

Algunos achacan este descenso al celibato y sus limitaciones. Otros apuntan a que la Iglesia Católica limita sus fuerzas al impedir el ejercicio del ministerio sacerdotal a las mujeres, como ya sucede en la Iglesia Luterana, la Iglesia Reformada, la mayoría de las denominaciones evangélicas y la Iglesia

Anglicana. Los sacerdotes ortodoxos se pueden casar antes de ser ordenados.

Francisco no está cerrado a que en algún momento el celibato pueda cambiar. El papa piensa que la disciplina de celibato continuará; cree que el mismo debería plantearse por razones culturales, no por opción universal. Sus palabras parecen dejar abierto el tema, pero de forma relativa. Por eso afirma que el celibato no es una cuestión de fe, sino más bien de disciplina, algo impuesto por la Iglesia Católica desde el año 1100. Sus palabras textuales son: «Se puede cambiar».[51] Esto es mucho más que lo que han dicho otros cargos de la jerarquía, que no quieren ni oír hablar del tema.

La sangría de fieles que la Iglesia Católica está sufriendo en América no ha terminado de incrementarse desde los años setenta del pasado siglo.

Uno de los países latinos en los que la Iglesia Católica pierde más fieles es sin duda Brasil. Si en los años noventa el número de brasileños que se declaraba católico era del 75%, en el 2011 ya era del 65%.[52] ¿Dónde van todos estos feligreses católicos? La mayoría a las iglesias evangélicas, a las que algunas estadísticas dan porcentajes del 15,4% de la población, aunque algunas fuentes sitúan el crecimiento hasta el 22,2%.[53]

El antropólogo David Stoll hablaba de este fenómeno en el año 1990, pero otros ya comenzaron a verlo mucho antes, como el escritor y sacerdote Prudencio Bamboriena en su libro *El protestantismo en América Latina*.

En Estados Unidos, cuanto al flujo de conversiones en sentido inverso, comparativamente, a pesar de las conversiones de algunos sectores del protestantismo al catolicismo (anglicanos, luteranos, etc.) la Iglesia de Roma decrece rápidamente en América Latina y levemente en Estados Unidos, gracias a la incorporación de inmigrantes católicos y el regreso de algunos de sus fieles después de vivir una etapa de sus vidas en iglesias protestantes o evangélicas.

¿Cuál ha sido el secreto de este decrecimiento? ¿Por qué la Iglesia Católica no ha podido detenerlo?

Ya hemos comentado en capítulos anteriores que la Iglesia Romana ha intentado por todos los medios detener esta sangría, pero sin éxito. Ni su influencia política, ni su intento de evangelización han sido suficientes hasta ahora.

El papa Francisco piensa que el secreto está en la pastoral, en ser más cercano y recibir mejor a la gente que llega a la Iglesia. La Iglesia Católica en Argentina lo llama «acogida cordial». Él cree que es clave que sacerdotes y católicos salgan al encuentro de la gente. Como en el texto bíblico, el pastor deja las noventa y nueve ovejas que están en el corral y se va por la perdida. El papa piensa que lo que aleja a los feligreses no son tanto los dogmas como no sentirse acogido. La Iglesia Católica, según Francisco, tiene que salir a la calle para buscar a la gente y conocer a las personas por su nombre, para predicarles el evangelio.[54]

La Nueva Evangelización y la Evangelización de la Cultura van justo en esa línea. Recristianizar los países que hasta hace poco se consideraban cristianos, saliendo a la calle para hablar con la gente o teniendo más influencia en la cultura.

El término Nueva Evangelización fue acuñado usado por el propio Papa Benedicto XVI al establecer el Consejo Pontificio para la Promoción de la Nueva Evangelización el 21 de septiembre de 2010.[55]

Benedicto XVI, al poco tiempo de recibir su cargo, tenía claro que era necesario terminar con la sangría de deserciones católicas en Europa y América. Parecía que quería hacer una guerra al secularismo reinante y que su arma sería una Nueva Evangelización.

El papa continuó con su plan y nombró al arzobispo Salvatore Fisichella, para dirigir este plan de «evangelización». El arzobispo buscó apoyo enseguida en la parte más ultraconservadora de la Iglesia Católica, la que más está creciendo hoy en día: los neocatecumenales, conocidos coloquialmente como los «Kikos». Este movimiento laico surgido entre las barriadas más pobres gracias a la labor de Kiko Argüello, tiene formas y sistemas parecidos al protestantismo evangélico, aunque su base doctrinal es claramente conservadora y católica tradicional.

Para la Secretaría de la Nueva Evangelizaciòn (PCPNE) fue nombrado un arzobispo colombiano llamado José Octavio Ruiz, muy vinculado al intento de frenar el decrecimiento católico en América Latina.

Aunque tal vez la pregunta más importante es: ¿cómo nace la idea? La idea surge de un sacerdote llamado Luigi Guissani, fundador del movimiento *Comunión y Liberación*, del que ya hemos hablado brevemente. Ni que decir tiene que Luigi Guissani también fue uno de los más férreos luchadores contra los evangélicos en América Latina. En su famoso libro *La Conciencia religiosa en el Hombre Moderno*, Guissani afirma cuál es para él el verdadero problema del cristianismo: «A mí me parece que el cristianismo en nuestro tiempo se ha visto como angustiado, debilitado, entorpecido por una influencia que podríamos llamar "protestante"».[56]

La Nueva Evangelización tendría un programa bien definido: la recuperación de la influencia social y el freno a la sangría de la Iglesia Católica. A pesar de que en la constitución del CPPNE no se habla de este tema, en la XIII Asamblea General Ordinaria, al tratarse la Nueva Evangelización, se dice:

> Por otra parte, en otras regiones del mundo se asiste a un prometedor renacimiento religioso. Tantos aspectos positivos del redescubrimiento de Dios y de lo sagrado en varias religiones se encuentran oscurecidos por fenómenos del fundamentalismo, que no pocas veces manipula la religión para justificar la violencia e incluso el terrorismo. Se trata de un grave abuso. «No se puede utilizar la violencia en nombre de Dios» Además, la proliferación de sectas representa un desafío permanente.[57]

El énfasis de la Nueva Evangelización como instrumento para frenar el crecimiento evangélico se pone de manifiesto en los documentos de la Iglesia Católica en Latinoamérica.

5. *El diálogo interreligioso*

Sin duda, una de las características más sobresalientes del nuevo papa Francisco es su gran interés en el diálogo interreligioso. Es notoria su amistad con el principal líder de la amplia comunidad judía de Argentina, el rabino Skorka, con el que escribió el libro *Sobre el Cielo y la Tierra*, publicado en el año 2010, en el que se trataban numerosos temas espirituales y sociales.

El rabino Skorka y el cardenal Bergoglio se veían dos veces por mes; ahora la lejanía física se lo impedirá, pero seguro que eso no hará disminuir la apuesta del papa Francisco por el diálogo interreligioso.

La Iglesia Católica dio un cambio radical tras la llegada al pontificado de Juan Pablo II, también muy cercano a los judíos, pero que siempre intentó tender puentes a los musulmanes y otras religiones, con sus famosas reuniones en Asís, como los encuentros de los años 1986, 1993 y 1996.

La visita a la sinagoga de Roma, el recibimiento al líder musulmán Alí Jamenei, en el año 1998, o el viaje jubilar de Juan Pablo II a Jerusalén reforzaron esta línea de diálogo interreligioso.

El propio Benedicto XVI siguió con esta práctica y convocó un nuevo encuentro en el año 2011, con unos 300 representantes de las diferentes religiones del mundo.

Francisco continuará esta línea. El día 20 de marzo de 2013, mientras recibía a los líderes religiosos de otras iglesias y religiones se expresó de esta manera: «Deseo asegurar mi firme voluntad de proseguir con el diálogo ecuménico».[58]

El nuevo papa, que siempre ha estado a favor del diálogo, habló de lo conveniente que era la unidad de las religiones, frente a las divisiones y rivalidades que hay en el mundo.[59]

Desde los primeros días de su pontificado ha hecho una mención especial al diálogo con los judíos. Por eso el papa envió un mensaje al rabino de Roma, Riccardo Di Segni, para invitarlo a la inauguración de su pontificado.

El papa Francisco tendrá que enmendar en este sentido algunos cambios que introdujo su predecesor, al tomar del latín algunas misas anteriores al Concilio Vaticano II, en las que se hablaba en contra de los hebreos.[60]

Los musulmanes también han expresado sus felicitaciones a Francisco, a pesar de que la persecución a los cristianos en países islámicos es patente y ha aumentado en las últimas décadas. Prácticamente todas las organizaciones musulmanas de Europa han felicitado al nuevo papa. El diálogo entre fieles del islam y católicos lleva varios años en dique seco, en especial desde el polémico discurso de Benedicto XVI en Ratisbona, en el que el papa criticaba a Mahoma, parafraseando a un emperador bizantino.

La agenda marcada por los medios de comunicación y la opinión pública es clara. En muchos casos, la postura del papa Francisco será muy parecida a la de sus predecesores: celibato, matrimonio homosexual, aborto, ministerio sacerdotal de la mujer, transparencia de las cuentas vaticanas o atajar el grave problema de la pedofilia.

Ahora la pregunta es: ¿cuál es la agenda del papa Francisco? ¿Qué importancia tiene su carácter jesuítico en la forma de organizar la Iglesia? ¿Cómo actuará la Iglesia ante la globalización y las redes sociales? ¿Cómo compaginará su cercanía a los pobres con una jerarquía en ocasiones demasiado opulenta?

El primer papa de América

Podemos decir que el papado siempre ha sido una forma de gobierno muy romana, muy italiana y europea. De los 266 papas que ha habido en los dos milenios que tiene el cristianismo, la mayor parte han sido italianos. Únicamente 48 no eran de origen italiano. La explicación es obvia, el papa no deja de ser obispo de Roma y, como tal, es lógico que los romanos hayan elegido un italiano, sobre todo cuando el pueblo de Roma y después su patriciado tenían que ratificar el cargo del nuevo pontífice.

En el pontificado hay cinco periodos diferenciados de papas no italianos:

1. El primero sería el llamado Periodo Griego. (97–418). En este, la influencia de dicha cultura y su peso sobre Roma fueron evidentes. No olvidemos que, tras la división del Imperio romano, el Imperio de Oriente tuvo mucha influencia sobre el de Occidente, al permanecer unido por un único emperador.

En este primer periodo, hubo trece papas no italianos, la mayoría griegos, a excepción de dos africanos, un sirio, un dálmata y un español.

Papas de origen griego: **San Evaristo** (97–105), **San Telesforo** (125–136), **San Higinio** (136–140), **San Eleuterio** (175–189), **San Anterus** (235), **San Sixto II** (257–258), **San Eusebio** (309–309) y **San Zósimo** (417–418).

Papas de origen africano: **San Víctor I** (189–199), **San Melquiades** (311–314).

Papas de origen sirio: **San Aniceto** (155–166).

Papas de origen dálmata: **San Cayo** (283–296).

Papas de origen español: **San Dámaso I** (366–384).

2. El segundo periodo o Periodo Sirio. (685–705). En este, después de uno muy largo sin papas extranjeros, comienzan a influir en Roma papas de origen griego y sobre todo sirio. El segundo periodo contó con cinco papas sirios y tres griegos. Como vemos, la influencia de Oriente sigue siendo muy fuerte los primeros ocho siglos de la historia de la Iglesia.

Papas de origen sirio: **Juan V** (685–686), **San Sergio I** (687–701), **Sisino** (708–708), **Constantino** (708–715) y **San Gregorio III** (731–741);

Papas de origen griego: **Teodoro I** (642–649), **Conono** (686–687) y **Juan VI** (701–705).

3. El tercer periodo o Periodo Alemán (996–1075). Durante este predominan los papas de origen germano, sobre todo por el poder e influencia de la dinastía de los Otones (emperadores alemanes), que intentaron imponer candidatos favorables a su imperio. Durante este periodo habrá cinco papas de ese origen.

Papas de origen alemán: **Gregorio V** (996-999), **Clemente II** (1046-1047), **Dámaso II** (1048-1048), **San León IX** (1049-1057) y **Víctor II** (1055-1057).

4. El cuarto periodo o Periodo Francés (1057-1378). Este es de los más largos y está influido por la pujante cultura francesa. En él se produce el cambio de la sede pontificia de Roma a Aviñón, lo que explica la proliferación de papas de origen galo. Llegará a haber catorce papas de origen francés en este periodo.

Papas de origen francés: **Esteban IX** (1057-1058), **Nicolás II** (1059-1061), **Beato Urbano II** (1088-1099), **Urbano IV** (1261-1264), **Clemente IV** (1265-1268), **Beato Inocencio V** (1276), **Martin IV** (1281-1285), **Clemente V** (1305-1314), primer papa de Aviñón, **Juan XXII** (1316-1334), **Benedicto XII** (1335-1342), **Clemente VI** (1342-1352), **Inocencio VI** (1352-1362), **Beato Urbano V** (1362-1370), **Gregorio XI** (1371-1378).

Papa de origen inglés: **Adrián IV** (1154-1159). Único de esa nacionalidad hasta el momento.

Papa de origen portugués: **Juan XXI** (1276-1277). Único de esa nacionalidad hasta el momento.

5. El quinto periodo o Periodo Español (1455-1523). Tras el regreso de la sede pontificia a Roma hay un largo periodo de papas romanos, que se romperá con unos pocos papas españoles o impuestos por España.

Papas de origen español o impuestos por la Corona: **Calixto III** (1455-1458) y **Alejandro VI** (1492-1503), **Adrián VI** (1522-1523), este originario de los Países Bajos.

6. El sexto periodo o Periodo Centroeuropeo (1455-2013). Durante este, todos los papas serán italianos hasta 1975, cuando se elegirá al primer papa polaco.

Papas de origen polaco: **Juan Pablo II** (1975-2005).

Papas de origen alemán: **Benedicto XVI** (2005-2013).

Estos seis periodos de papas no italianos estuvieron caracterizados por las influencias externas a Roma, en muchos casos de tipo político. En el último periodo influyó más el intento de globalización del papado. La Iglesia Católica vio la necesidad de que todos los católicos del mundo se identificaran con el papa y que cualquier religioso del mundo pudiera convertirse en pontífice.

Puede que estemos ante el Periodo Americano. El papa Francisco es el primer papa de América, pero la tendencia puede seguir en ese continente por más tiempo.

Las causas son múltiples, aunque algunos miembros de la curia y altos cargos de la Iglesia Católica ya han apuntado algunas de las razones principales.

La pérdida de peso de Europa en el catolicismo es muy evidente y ya hemos hablado de ella. El arzobispo de Miami (Estados Unidos), monseñor Thomas Wenski, ha visto en la secularización una de las razones para elegir un papa de América:

> A medida que el peso del cristianismo migra hacia esa zona debido a la secularización de Europa, podemos ver que Latinoamérica era el lugar de origen natural del nuevo papa.[61]

El arzobispo Thomas Wenski también ve positivo que sea latino y cree que eso beneficiará a la Iglesia Católica de Estados Unidos y Latinoamérica.[62] Sin duda la influencia de que sea un papa de América servirá de llamada a muchos católicos que ahora están alejados de la Iglesia por ver en ella algo lejano y europeo.

Otra de las razones para que el nuevo papa fuera latinoamericano es de tipo estadístico: el 40 % de los católicos de todo el mundo, unos 200 millones, viven en la parte latina del continente.

De todos los candidatos favoritos en el cónclave del 2013, varios eran de América, algunos de Estados Unidos, otros de Brasil, Argentina y Honduras.

Dentro del propio cónclave también se hacía esa pregunta, como informó el cardenal Cipriani de Lima: «Corría como una voz entre ellos si era el momento de pensar en una persona latinoamericana».[63]

El cardenal Cipriani también apunta a que los escándalos de la curia, sobre todo tras la filtración de papeles de Benedicto, obligaban a buscar alguien que no fuera italiano. Aunque el cardenal apunta una causa más, posiblemente la más importante, frenar el éxodo de fieles católicos a las iglesias evangélicas:

> Las sectas son una respuesta a los vacíos y silencios de la Iglesia, que a veces exagera una serie de discusiones temporales y se olvida de que tiene el tesoro de Cristo, el tesoro de la fe. Yo creo que el papa nos va a dar un buen despertar en lo que es el tesoro de la fe.[64]

La razón geoestratégica ve en un papa americano la posibilidad de frenar el avance del protestantismo. *The Wall Street Journal* también apunta a esta idea en su artículo «Con el papa Francisco, América Latina espera un fortalecimiento del catolicismo».[65] En él se habla de la ilusión desatada en América Latina por la llegada de un papa de origen argentino. El periódico comenta el descenso acusado de los católicos en el continente, en especial en Brasil, país en el que se declara católico menos del 50% de la población.

El profesor de religión del Boston College, Hosffman Ospino, comentó al periódico que un papa latino puede atraer de nuevo a la masa de no practicantes que hay en todo el continente.[66]

La mayoría de los mandatarios latinoamericanos asistió a la ceremonia de entronización de Francisco. Desde la presidenta de Argentina, que mantiene una relación ambivalente con Bergoglio, hasta los mandatarios de Ecuador, México, la presidenta de Brasil y otros gobernantes latinos parecen complacidos con la elección del papa latinoamericano.

Con respecto a Estados Unidos, la elección de un americano puede traer a los católicos del país la primera buena noticia en mucho tiempo. Los escándalos de pederastia convirtieron a la mayoría de las diócesis de Estados Unidos en sospechosas, sufriendo una presión mediática sin precedentes hasta ese momento.

¿Cuál será el estilo latino de la Santa Sede? ¿Cambiará este carácter espontáneo y alegre las rígidas formas del protocolo del Vaticano? ¿Convertirá su origen latino a Francisco en uno de los más cercanos de la historia? ¿Influirá esta elección para cambiar el mapa religioso de América?

Capítulo 10

El primer papa jesuítico

> Al final [...] entré en la Compañía de Jesús atraído por su condición de fuerza de avanzada de la Iglesia.[1]

Jorge Mario Bergoglio es el primer papa de la orden de los jesuitas en la historia de la Iglesia. Tampoco ha sido muy común que hubiera pontífices que pertenecieran a órdenes religiosas; de hecho, únicamente treinta y cuatro papas eran miembros de alguna orden religiosa.

Dentro de estos treinta y cuatro, destaca la orden de los benedictinos, que ha sido la que ha tenido más papas, seguida por las de agustinos, dominicos, franciscanos y cistercienses.

La lista de papas aportados por las distintas órdenes es la siguiente:

Papas de la orden de los benedictinos, 17: **Gregorio I, Bonifacio IV, Adeodato II, León IV, Juan IX, León VII, Esteban IX, Gregorio VII, Víctor III, Urbano II, Pascual II, Gelasio II, Celestino V, Clemente VI, Urbano V, Pío VII, Gregorio XVI.**

Papas de la orden de los agustinos, 6: **Eugenio IV**, y cinco canónigos regulares: **Honorio II, Inocencio II, Lucio II, Gregorio VIII** y **Adriano IV.**

Papas de la orden de los dominicos, 4: **Inocencio V, Benedicto XI, Pío V** y **Benedicto XIII.**

Papas de la orden de los franciscanos, 4: **Nicolás IV, Sixto IV, Sixto V y Clemente XIV.**

Papas de la orden de los cistercienses, 2: **Eugenio III** y **Benedicto XII.**

Papas de la orden de los jesuitas, 1: **Francisco.**

¿Por qué tan pocos papas de órdenes religiosas? ¿Qué hace que los sacerdotes diocesanos lleguen antes a ser pontífices?

Las órdenes religiosas tienen un papel distinto al de los sacerdotes diocesanos. Todas las órdenes están fundadas con un carisma especial y misión principal, ya sea la atención a los pobres, la enseñanza, las misiones o el servicio a algún colectivo marginado. Las órdenes religiosas tienen reglas de obediencia muy estrictas y un sistema jerárquico interno, que, aunque no debería ser así, en ocasiones llega a enfrentarse con la obediencia a los obispos de las diócesis.

La mayoría de las órdenes viven el voto de pobreza de manera acusada, entendiendo que el episcopado tiene un estilo de vida alejado de su concepto de pobreza. Los religiosos de las órdenes son poco dados a los cargos religiosos dentro de la jerarquía, por este concepto tan desarrollado de la humildad.

La mayoría de los cardenales, que son los que eligen al papa, son del ámbito diocesano, lo que les impulsa a elegir a personas de ese mismo ámbito.

De todos los papas que hubo de origen monástico, la mayoría aceptaron el cargo después de una larga reflexión, ya que en algunas de las órdenes, como sucede en la Compañía de Jesús, el cargo de cardenal u obispo es incompatible con la pertenencia a la orden.

En el caso de los jesuitas, contaba su consagración especial al papa y su falta de obediencia a los obispos, ya que únicamente debían rendir cuentas al papa. Los jesuitas utilizaron para esto una fórmula de obediencia nueva, que se denomina obediencia anticipada. La obediencia anticipada no es otra cosa que establecer que, antes de que una orden esté formulada, el jesuita obedece.

Los jesuitas, a pesar de su voto de obediencia estricta al papa, sufrieron la desconfianza de los estados, sobre todo en la época del absolutismo, porque su independencia de la jerarquía diocesana los hacía incontrolables. Las famosas expulsiones de la mayoría de los estados europeos durante el siglo XVIII y la supresión de la orden en el año 1773, estuvieron inspiradas por esta desconfianza ante una institución poderosa y con mucha influencia política.

En el año 1814, tras la restauración de los jesuitas por el papa Pío VII, poco a poco la Compañía recuperó parte de su poder perdido. La leyenda negra contra ellos continuó.

El hecho de que Juan Pablo II descabezara a la Compañía de Jesús, poniendo personas de su confianza bajo su dirección, como ya hemos comentado en otro capítulo, demuestra lo difícil que ha sido siempre controlarlos totalmente.

La llegada de un papa de tradición jesuítica parece haber caído muy bien entre los miembros de esta orden.

El padre Nicolás, general actual de la Compañía de Jesús, ha declarado sobre el papa Francisco:

> Es rasgo distintivo de nuestra Compañía ser un grupo de compañeros unidos con el Romano Pontífice con un vínculo especial de amor y servicio. Por ello, compartimos la alegría de toda la Iglesia al tiempo que deseamos renovar nuestra disponibilidad para ser enviados a la viña del Señor, conforme al espíritu de nuestro voto especial de obediencia, que tan particularmente nos une con el Santo Padre.[2]

El padre Nicolás, de origen español, es un hombre muy enfocado a los pobres, y en eso parece en total sintonía con el nuevo papa. El superior de los jesuitas fue elegido en el año 2008 por sus compañeros. El padre Nicolás declaró no sentirse muy cerca de las ideas teológicas de Benedicto XVI,[3] un papa de perfil intelectual y muy moderado.

El padre Nicolás parece muy complacido por el nombre que el papa ha escogido y su enfoque a los pobres:

> El nombre de «Francisco» con que desde ahora le conocemos, nos evoca su espíritu evangélico de cercanía a los pobres, su identificación con el pueblo sencillo y su compromiso con la renovación de la Iglesia. Desde el primer momento en que se ha presentado ante el pueblo de Dios ha dado testimonio de modo visible de su sencillez, su humildad, su experiencia pastoral y su profundidad espiritual.[4]

Ante las acusaciones que algunos medios lanzaron sobre la colaboración del papa Francisco con la dictadura argentina de Videla, uno de los dos jesuitas secuestrados, el padre Franz Jalics, ha declarado recientemente: «Lo cierto es que Orlando Yorio y yo no fuimos denunciados por el padre Bergoglio».[5]

Un papa jesuítico

¿Qué supone para la Iglesia Católica un papa de origen jesuita?

La pregunta está en el ambiente. El papa Francisco puede marcar un cambio drástico en la forma de hacer papado, a la vez que mantiene el fondo de la doctrina y enseñanza de la Iglesia Católica.

Sus primeros gestos muestran el enfoque de los jesuitas en los últimos cien años: una acción preferente hacia los pobres.

En uno de los libros escritos por Bergoglio, titulado *El verdadero poder del servicio*, habla de salir al encuentro de los pobres: «Busquemos a los más pobres para poder decir con ellos: "Dios con nosotros"».[6]

Ese enfoque hacia la pobreza puede que aumente la reivindicación de la Iglesia Católica a los gobiernos y una mayor crítica al sistema financiero y capitalista actual. No es que Francisco sea rupturista, pero sí ha sido muy crítico con el sistema de desigualdad actual. El papa defiende que esa opción por los pobres está claramente reflejada en el Concilio Vaticano II, pero que no ha sido todavía desarrollada plenamente.[7] Esa misma idea fue reforzada en la reunión de obispos latinoamericanos, en Aparecida.

A pesar de su apuesta por los pobres, el nuevo papa no cree que los caminos de la Teología de la Liberación fueran los correctos.[8] La lucha contra la pobreza, según las ideas de Francisco, se dirige a la responsabilidad individual de cada uno con su prójimo, no al cambio de modelo productivo.[9]

Otra de las ideas más destacadas de Bergoglio, y de su origen jesuita, es su desapego al poder político. El nuevo papa piensa que política y religión no deben ir de la mano. El poder es pasajero, lo tienen unos y luego otros; si la Iglesia se alía con el poder, termina por recibir un castigo.[10]

El nuevo papa se declara lejos tanto del comunismo como del capitalismo. En el comunismo ve una teoría materialista en la que lo trascendente no tiene cabida. En el capitalismo observa un deseo extremo por controlar la religión. La Iglesia siempre tiene que tener una visión profética, de denuncia ante la injusticia, provenga de donde provenga esta.[11]

En cuanto a la disciplina y orden jesuíticos, no olvidemos que San Ignacio de Loyola concibió la Compañía de Jesús como una milicia, y este puede ser el último aporte jesuítico que el papa lleve al Vaticano. Francisco es un hombre que sabe mandar y que se asegura de que sus órdenes se cumplen. Tampoco es muy amigo de intermediarios, prefiere actuar directamente.

Durante su arzobispado en Argentina, Bergoglio tejió su red de colaboradores estrechos. Gente que sabe permanecer en segundo plano, que ejecutará sus órdenes y así él no perderá el control de las cosas.

El nuevo estilo del papa comenzará a percibirse muy pronto. Francisco estará dispuesto a poner orden en el Vaticano y elegir un equipo acorde con su visión.

Capítulo 11

El papa ante la modernidad y la globalización

> Si concebimos la globalización como una bola de billar, se anulan las virtudes ricas de cada cultura.[1]

Sin duda, el nuevo papa es un hombre de su tiempo. A diferencia de su predecesor Benedicto XVI, un intelectual centrado en los libros y enamorado de las antiguas ceremonias papales, Francisco está más cerca de la realidad cotidiana.

En su etapa de arzobispo en Buenos Aires, viajaba en transporte público, visitaba constantemente a las parroquias, escuchaba a la gente y no tenía la típica reacción de muchos miembros de la jerarquía que únicamente se relacionan con religiosos, en especial de su mismo rango.

La cercanía de Francisco se ha visto desde el principio de su elección. Llamar a los feligreses con «Obispo y pueblo» como ya hemos comentado, pedir a la gente que ore por él, hace que el nuevo papa se muestre como un hombre más, accesible y con debilidades. En eso se aleja del modelo de Juan Pablo II, que, aunque cercano a la gente, siempre tenía una actitud más paternalista y daba una imagen de perfección y fortaleza, que le alejaban del modelo corriente a imitar.

Esa cercanía con el pueblo ha hecho que en su país, Argentina, y en toda América se haya desatado una oleada de empatía con el nuevo papa.

El 19 de marzo de 2013, el papa Francisco se dirigía directamente a los argentinos que ocupaban masivamente la Plaza de Mayo de Buenos Aires: «No se olviden de este obispo que está lejos, que los quiere mucho y recen por mí».[2]

Un papa que es tan cercano conectará bien con la sociedad postmoderna, más cercana a los sentimientos y emociones que a las ideas y pensamientos. Es curioso que alguien con rasgos culturales tan definidos, pueda ser al mismo tiempo tan universal.

Por eso él cree en una globalización que acerca, pero no uniforma, las sociedades. La globalización de carácter más imperialista termina por esclavizar a los pueblos, piensa el papa, que cree en la diversidad armónica de la humanidad.[3]

El nuevo papa cree que en la globalización nunca se debe perder el sentido de identidad, aunque el mestizaje también tenga factores positivos. No olvidemos que Francisco tiene fuertes raíces europeas (padres italianos), pero se ha criado en una cultura con mezcla de muchos lugares.[4]

En los medios de comunicación y su capacidad para dominarlos está otra de las claves del éxito o fracaso que tendrá este pontificado. Aunque el papa Benedicto XVI terminó por tener un twitter, Facebook (no oficial) y YouTube, lo cierto es que no se le veía muy cómodo con las nuevas tecnologías ni con las redes sociales.

Claudio María Celli, el presidente del Pontífice Consejo para las Comunicaciones Sociales, logró que el papa Benedicto se interesara a comienzos del 2013 por este medio de comunicación.

Al parecer, Benedicto XVI prefirió una cuenta en Twitter, que le parecía más institucional, que una en Facebook, que le parecía más personal.[5]

A pesar de lo poco activa y demasiado institucional de la cuenta del papa Benedicto XVI en Twitter, tenía casi tres millones de seguidores. En estos meses apenas se han publicado treinta y seis tuits, muy pocos si los comparamos con la media de tuits de un usuario normal.[6]

El domingo día 17, Bergoglio escribió su primer tuit, que decía: «Queridos amigos, os doy las gracias de corazón y os ruego que sigáis rezando por mí. papa Francisco».[7]

En el momento de redactarse este libro, la cuenta de Francisco tiene 1.154.120 seguidores y ha publicado tres tuits. El estilo parece muy realista, da la sensación que los tres están escritos por el propio papa.

Aunque ya retirados, el papa Francisco tenía su propio perfil en Facebook y Twitter antes de llegar al pontificado; seguro que logrará sacar mejor partido de este medio para llegar a sus feligreses en todo el mundo. Aunque la estricta corte del Vaticano intente frenar su espontaneidad.

Capítulo 12

El papa frente a los escándalos de la Iglesia Católica

> Generalmente, cuando se habla de doble vida se relaciona con una persona que tiene dos familias [...] Pero doble vida es todo aquello que hace fraudulento el modo de vivir, los principios éticos que están en nuestro ser.[1]

La religión sin ética es fariseísmo. Jesús de Nazaret denunció constantemente esa actitud en los religiosos de su tiempo. En aquella época, igual que en la actualidad, muchos se escudan en la religión para justificar su estilo de vida, pero la religión cristiana es algo más que ritos y ceremonias, es sobre todo, ejemplo, ética y testimonio.

El papa Francisco tiene clara la vertiente ética que debe impregnar la vida de la Iglesia. No importa que haya cierta aceptación social en algunos comportamientos. Para él, la vara de medir no es la aceptación, es la ética.

Los casos de escándalos sexuales y financieros de los últimos años no han hecho sino avivar este diálogo ético. Posiblemente la corrupción no sea mayor ahora que hace cien o mil años, pero la atención de la opinión pública y los medios de comunicación obligan a dirigentes y líderes a esmerarse en su compromiso ético.

La ocultación de delitos, como se hizo en otro tiempo, ya no tiene cabida en ninguna institución. El propio Francisco piensa sobre la ocultación que es una forma de prolongar el problema. Ya lo mencionamos en la parte centrada a los retos que marca la sociedad a la Iglesia Católica. «Tolerancia cero», comentamos que dijo el Benedicto XVI a los obispos de Estados Unidos ante los escándalos de pederastia.

El papa Francisco parece decidido a zanjar el problema de una vez por todas, primero por la relación de poder que hace indefensas a las víctimas, pero también por el ejemplo de santidad que debe dar la Iglesia Católica.

Para ello, la elección de los sacerdotes es muy importante. La escasez de vocaciones puede llevar a la Iglesia Católica a bajar el listón de sus exigencias, pero esto sería muy peligroso y a la larga contraproducente.

El papa Francisco, como ya señalamos, ha expulsado del Vaticano a uno de los mayores encubridores de la Iglesia Católica en Estados Unidos, y no parece que le tiemble la mano en este sentido.

El informe de Vatileaks es una herencia venenosa para el nuevo pontífice.[2] Eso es lo que opina el periodista Eric Frattini, especialista español en temas vaticanos:

> El papa Ratzinger sabía que había grandes casos de corrupción en el Vaticano, y que ha dejado «una herencia venenosa» para su sucesor, el papa Francisco, en forma del informe Vatileaks.[3]

Lo que es seguro, aunque no sepamos cómo serán algunos de los movimientos internos dentro del Vaticano, es que Francisco será contundente en sus acciones.

Las primeras señales que observaremos serán cambios dentro de la propia Secretaría del Vaticano. El papa Francisco se rodeará de personas en las que confíe; no querrá, como le ha pasado a otros papas, que al final no se cumplan sus instrucciones.

La sencillez de Francisco, que le hace parecer un párroco de pueblo más que un pontífice, no debe engañar a nadie. El nuevo papa es un hombre muy inteligente y que sabe mover los hilos cuando es necesario.

Uno de los pasos que seguramente dé el sumo pontífice en este sentido sea el de hacer partícipes de los informes secretos a los cardenales, tal y como le pedían los cardenales estadounidenses a Benedicto XVI.

En algunos sentidos, el papa Francisco se parece al difunto Juan Pablo I, un hombre franco, directo, campechano y muy dispuesto a cambiar cosas. La pregunta es: ¿podrá cambiar a fondo la opaca administración del Vaticano? ¿Logrará remover a funcionarios vaticanos que sirven de cortafuegos a los cambios?

En este sentido, esperemos que el pontificado de Francisco sea más largo que el del difunto Juan Pablo I.

Capítulo 13

El papa humilde y apasionado por la oración

> El encuentro con Dios tiene que ir surgiendo desde dentro. Debo ponerme en la presencia de Dios y ayudado por su Palabra, ir progresando en lo que Él quiera.[1]

En una religión como el cristianismo, la oración es imprescindible para el desarrollo y crecimiento cristiano. La intercesión y la oración forman parte de la dinámica de la Iglesia, pero también de la vida devocional del individuo.

Las declaraciones del papa Francisco parecen indicar la gran importancia que le da a la oración.

En una de sus primeras plegarias públicas como papa ya se ve esta disposición del nuevo pontífice hacia la oración, al pedir en su primera comparecencia que rezaran por él. Eso mismo ha hecho con su primer tuit y en su mensaje a sus feligreses en Buenos Aires.

El papa Francisco conoce la importancia de la oración y la meditación continua, pero no como artificial apoyo psicológico, sino más bien como instrumento de lo cotidiano. Por eso para él es uno de los pilares del sacerdocio.[2]

Aunque el comentario más hermoso del papa sobre la oración es cuando la define como un acto de la libertad.[3] Francisco no cree en el intento que los seres humanos hacen para controlar la oración. Para él debe ser siempre un acto voluntario, no reglado por nada ni nadie. Por la oración tampoco controlamos a Dios ni su voluntad, Dios es fundamentalmente un ser libre, con su propia voluntad. Entonces, ¿para qué sirve la oración?

Para el papa, es fundamentalmente un acto de comunicación, es simplemente hablar y escuchar.[4] Francisco ve en la oración una mezcla de silencio reverente en espera de que Dios hable y el regateo que hizo Abraham con Dios para convencerle. Moisés también regatea con Dios, le pide cosas y le pone condiciones. La oración nunca termina con nuestra voluntad, tampoco con la de Dios, es como si ambas se encontraran en un punto y caminaran unidas. La oración sería para el papa una mezcla de coraje, humildad y adoración.[5]

El peligro de perder la fuerza y esperanza que ella trae es convertirla en mero acto litúrgico en forma de evento social, por eso Francisco cree que todo debe centrarse en la oración.

Llama la atención su pensamiento de que la atracción hacia el dinero desaparece con la oración, porque lo más importante es, gracias a ella, el darse. Como la viuda que dio de lo que no tenía en la ofrenda del templo.[6]

El papa comenta la primera vez que los evangélicos le invitaron a una reunión multitudinaria. Después de un tiempo, le preguntaron que si deseaba que oraran por él. Francisco comenta cómo muchos no entendieron que él dejara que personas de otra Iglesia oraran por él:

> La primera vez que me invitaron los evangelistas a una de sus reuniones en el Luna Park, el estadio estaba lleno. Ese día hablaron un sacerdote católico y un pastor evangélico [...] En un momento, el pastor evangélico pidió que todos rezaran por mí y por mi ministerio [...] Cuando todos rezaban, lo primero que me salió fue ponerme de rodillas, un gesto muy católico, para recibir la oración y la bendición de las siete mil personas que estaban ahí. A la semana siguiente, una revista tituló:

> «Buenos Aires, sede vacante. El arzobispo incurrió en el delito de apostasía». Para ellos, orar junto a otros era apostasía. Incluso con un agnóstico, desde su duda, podemos mirar juntos hacia arriba y buscar la trascendencia. Cada cual reza según su tradición, ¿cuál es el problema?[7]

Francisco piensa que la oración es lo que nos une, no lo que nos separa. El nuevo papa quería recibir la bendición de aquella gente, aunque no pertenecieran a su Iglesia.

Para él, la oración, como acto de humildad, es el único remedio contra la hipocresía: delante de Dios no puedes mentir o fingir. Lo que hiciste en público te es recompensado en privado.[8]

La fórmula para no perderse nunca y no alejarse de Dios es la humildad. Lo vemos en los personajes de la Biblia, personas imperfectas, pero que, cuando se humillaban ante Dios, el volvía a recibirlos.

Las frases del papa sobre la hipocresía son el colofón a su pensamiento sobre la oración:

> Esos casos de hipocresía espiritual se dan en mucha gente que se cobija en la Iglesia y no vive según la justicia que pregona Dios. Tampoco demuestran arrepentimiento. Es lo que vulgarmente decimos que llevan una doble vida.[9]

Conclusión

Jorge Mario Bergoglio es el nuevo papa para el nuevo siglo. En cierto sentido, Benedicto XVI se convirtió en el *impasse* de una Iglesia Católica que intentaba encontrar su camino hacia la modernidad.

Los retos que plantea el papado en la actualidad son muchos y complejos. Citando al que los católicos consideran el primer papa, a Pedro: «Porque es tiempo de que el juicio comience por la casa de Dios; y si primero comienza por nosotros, ¿cuál será el fin de aquellos que no obedecen al evangelio de Dios?»

La Iglesia Católica necesita una renovación ética, que saque a la luz todo lo que nos muestra en parte el caso Vatileaks y los abusos a menores, pero también espiritual que centre su mensaje en el hombre y mujer de este siglo.

Los retos de Jorge Mario Bergoglio parecen realmente titánicos: 1.200 millones de fieles, miles de sacerdotes, religiosos, religiosas, centros educativos, centros de caridad, residencias y templos forman el legado material y humano de la Iglesia, pero, como ya ha dicho el papa Francisco: «Si no nos confesamos a Jesucristo, nos convertiremos en una ONG piadosa, no en una esposa del Señor».[1]

Poner a Cristo de nuevo en el centro de la Iglesia Católica parece el principal objetivo del nuevo papa. En cierto sentido, la Iglesia es Cristo y Cristo es la Iglesia. Son los seguidores de

Cristo los que han de cambiar el mundo con su mensaje, no que el mundo termine por cambiar a la Iglesia.

La oración puede ser la clave de este obispo de Roma de setenta y seis años, con acento porteño, aficionado al fútbol y que tiende a llamar a las cosas por su nombre. Francisco es el primer papa del siglo XXI, no nos engañemos. Utilizando las palabras de un tuit recién del papa: «El verdadero poder es el servicio. El papa ha de servir a todos, especialmente a los más pobres, los más débiles, los más pequeños».[2]

Las creencias del nuevo papa en diez frases

1. El pueblo cristiano en el centro de la Iglesia:

   Y ahora, comenzamos este camino: Obispo y pueblo. Este camino de la Iglesia de Roma, que es la que preside en la caridad todas las Iglesias. Un camino de fraternidad, de amor, de confianza entre nosotros. Recemos siempre por nosotros: el uno por el otro. Recemos por todo el mundo, para que haya una gran fraternidad.[1]

2. La oración como instrumento para el servicio:

   La oración sería para el papa una mezcla de coraje, humildad y adoración.[2]

3. Jesucristo en el centro del mensaje cristiano:

   Si no nos confesamos a Jesucristo, nos convertiremos en una ONG piadosa, no en una esposa del Señor.[3]

4. La sencillez y la cercanía, son el nuevo estilo:

   No se olviden de este obispo que está lejos pero los quiere mucho.[4]

5. La creación es nuestra responsabilidad:

   Quisiera pedir por favor a todos los que ocupan puestos de responsabilidad en el ámbito político, social o económico, a todos los hombres de buena voluntad: seamos custodios de la creación, guardianes del otro, del medio ambiente.[5]

6. El primer tuit del papa Francisco:

   Queridos amigos, os doy las gracias de corazón y os ruego que sigáis rezando por mí. Papa Francisco.[6]

7. Sobre servir al prójimo:

   El verdadero poder es el servicio.[7]

8. La Nueva Evangelización:

   Que la Iglesia salga más al encuentro de la gente.[8]

9. El humor del papa, un hombre muy cercano:

   El papa es argentino, pero Dios es brasileño.[9]

10. La advertencia del papa Francisco:

    Recordemos que el odio, la envidia, la soberbia ensucian la vida.[10]

Cronología

1936 Nació el 17 de diciembre en el barrio bonaerense de Flores, en el Gran Buenos Aires (Argentina), en el seno de una familia modesta compuesta por Mario José Bergoglio, contador y trabajador ferroviario de origen piamontés y un ama de casa, Regina Sivori. Bergoglio es el mayor de cinco hermanos.

1948 El joven Bergoglio tiene su primera novia a la que le comenta que si no acepta casarse con él, se hará sacerdote.

1953 Recibe un llamado para convertirse en sacerdote, tras confesarse en su parroquia antes de ir a la tradicional Fiesta de la Primavera. Tenía 17 años de edad.

1954 Comienza sus estudios como técnico en química.

1957 Sufre una grave enfermedad respiratoria, que le hará perder un pulmón.

1958 El día 11 de marzo ingresó en el noviciado de la Compañía de Jesús. Durante este periodo realizó estudios de Humanidades en Chile.

1963 Una vez de vuelta a Buenos Aires, se licencia en Teología y Filosofía en la Facultad de Filosofía del Colegio «San José» de San Miguel.

1964–1965 Es profesor de Literatura y Psicología en el Colegio de la «Inmaculada» de Santa Fe.

1966 Profesor de Literatura en el Colegio de «El Salvador» de Buenos Aires.

1969 Bergoglio es ordenado sacerdote el 13 de diciembre.

1970–1971 Estudia en la Universidad de Alcalá de Henares (España).

1973–1979 Se convierte en responsable de los jesuitas en Argentina.

1973 Bergoglio es encargado de administrar la Universidad del Salvador.

1980–1986 Profesor en la Facultad de Teología de San Miguel y rector del Colegio Máximo de la Facultad de Filosofía y Teología.

1986 Bergoglio concluye su tesis doctoral en Alemania y regresa a Argentina. Se instala después en la iglesia de la Compañía de Jesús, en la ciudad de Córdoba, como director espiritual y confesor.

1992 Se convierte en obispo auxiliar de Buenos aires y colaborador del arzobispo Antonio Quarracino.

1997 Obispo coadjutor de Buenos Aires.

1998 El 28 de febrero, tras la muerte de Antonio Quarracino, se convierte en arzobispo de Buenos Aires y primado de Argentina.

2001 El 21 de febrero Juan Pablo II le nombra cardenal con el *titulus* de San Roberto Belarmino.

2001 En el mes de septiembre, Bergoglio preside la reunión general de obispos en el Vaticano, recibiendo el aplauso por su labor en la reunión.

2005–2011 Presidente de la Conferencia Episcopal Argentina.

2005 Bergoglio queda segundo, para sorpresa de todos, en el cónclave que elegirá a Benedicto XVI como papa.

2013 El 13 de marzo es elegido sucesor de Benedicto XVI, convirtiéndose en el papa Francisco.

2013 El 19 de marzo celebra la misa de inauguración del pontificado.

Cargos eclesiásticos antes de ser nombrado papa

- Ordinario obispo para los fieles de rito oriental residentes en Argentina que no cuentan con un ordinario de su rito.

- Gran Canciller de la Universidad Católica Argentina.
- Relator General Adjunto en la X Asamblea General Ordinaria del Sínodo de los Obispos de octubre de 2001.
- Desde noviembre de 2005 a noviembre de 2011 fue Presidente de la Conferencia Episcopal Argentina.
- Juan Pablo II le hizo cardenal en el Consistorio del 21 de febrero de 2001, titular de San Roberto Bellarmino.
- Formó parte de las siguientes congregaciones, comisiones y consejos: para el Culto Divino y la Disciplina de los Sacramentos; para el Clero; para los Institutos de Vida Consagrada y de la Sociedad de Vida Apostólica; Pontificio Consejo de la Familia; Comisión Pontificia para América Latina.

Bibliografía

Blanco Sarto, Pablo. *Benedicto XVI: el papa alemán*. Barcelona: Planeta, 2011 (digital).

Cornwell, John. *El papa de Hitler*. Barcelona: Planeta, 2000.

De Loyola, San Ignacio. *Autobiografía* (Texto recogido por el P. Luis Gonçalves da Camara entre 1553 y 1555). Ed. por El Aleph, 1999 (digital).

Difonzo, Luigi, y Sindona, Michele. *El banquero de San Pedro*. Barcelona: Planeta, 1984.

Frattini, Eric. *La Santa Alianza*. Madrid: Espasa, 2006.

______. *Los cuervos del Vaticano*. Madrid: Espasa, 2012.

Fulop-Miller, René. *Les Jesuites et le secret de leur puissance*. París: Lib. Plon, 1933.

García-Villoslada, Ricardo. *Historia de la Iglesia en España* (III-1°). Madrid: BAC, 1979.

______. *Historia de la Iglesia en España* (III-2°). Madrid: BAC, 1979

Guissani, Luigi. *El sentido de Dios y el hombre moderno*. Madrid: Editorial Encuentro, 2005.

Hebblethwaite, Peter. *Pablo VI, el primer papa moderno*. Buenos Aires: Vergara, 1993.

Lugones, Leopoldo. *El imperio jesuítico*. Barcelona: Orbis, 1987.

Paris, Edmond. *La historia secreta de los jesuitas*. Ontario, Calif: Chick Publications, 1975.

San Buenaventura. «La oración ante el crucifijo de San Damián», en *Leyenda mayor* (2,1). Madrid: Ars Magna, 2001.

Rubin, Sergio, y Francesca Ambrogetti. *El jesuita*. Buenos Aires: Vergara, 2010 (digital).

Rouquette, Robert. *Saint Ignace de Loyola*. París: Editorial Albin Michel, 1944.

Walter, Williston. *Historia de la Iglesia Cristiana*. Kansas City, Mo: Casa Nazarena de Publicaciones, 1985.

Ynfante, Jesús. *Opus Dei. Así en la tierra como en el cielo*. Grijalbo, Barcelona, 1996.

Obras de Jorge Mario Bergoglio

Libros

Meditaciones para religiosos. Buenos aires: Diego de Torres, 1982, (http://quijote.biblio.iteso.mx/dc/ver.aspx?ns = 000206741).

Reflexiones en esperanza. Buenos Aires: Ediciones Universidad del Salvador, 1992.

Diálogos entre Juan Pablo II y Fidel Castro. Buenos Aires: Ed. Ciudad Argentina, 1998.

Hambre y sed de justicia. Buenos Aires: Editorial Claretiana, 2001.

Educar: exigencia y pasión: desafíos para educadores cristianos. Buenos Aires: Claretiana, 2003.

Ponerse la patria al hombro: memoria y camino de esperanza. Buenos Aires: Editorial Claretiana, 2004.

Educar, elegir la vida. Buenos Aires: Editorial Claretiana, 2004

La nación por construir: utopía, pensamiento y compromiso: VIII Jornada de Pastoral Social. Buenos Aires: Editorial Claretiana, 2005.

Corrupción y pecado: algunas reflexiones en torno al tema de la corrupción. Buenos Aires: Editorial Claretiana, 2005.

Seminario: las deudas sociales de nuestro tiempo: la deuda social según la doctrina de la iglesia. Buenos Aires: EPOCA-USAL, 2009.

Bergoglio, Jorge Mario, y Abraham Skorka. *Sobre el Cielo y la Tierra*. Buenos Aires: Editorial Sudamericana, 2010.

Nosotros como ciudadanos, nosotros como pueblo: hacia un bicentenario en justicia y solidaridad 2010-2016. Buenos Aires: Editorial Claretiana, 2011.

Artículos

«20 años después. Una memoriosa relectura del Documento "Historia Y Cambio"». *Signos Universitarios: Revista de la Universidad del Salvador* 26. Buenos Aires: USAL, 1994, pp. 9–20.

La vida sagrada y su misión en la Iglesia y en el mundo. Buenos Aires: Pontificia Universidad Católica Argentina, Facultad de Teología, 1995 (http://dialnet.unirioja.es/servlet/oaiart?codigo = 2489810).

«El camino hacia el futuro. Llevando consigo la memoria de las raíces». *Humanitas* 47: 468–483. Santiago de Chile: PUC de Chile, 2007 (acceso en línea: http://www.humanitas.cl/web/index.php?option = com_content&view = article&id = 2188&catid = 212).

Prólogos

Castiñeira de Dios, José María. *El santito Ceferino Namuncurá: relato en verso*. Buenos Aires: Lumen, 2007.

Carriquiry Lecour, Guzmán. *El bicentenario de la independencia de los países latinoamericanos: ayer y hoy*. Madrid: Encuentro, 2012.

Colaboraciones

Ecclesia Catholica, Michael Egan, Edward y Bergoglio, Jorge Mario. *Episcopus minister Evangelii Iesu Christi propter spem mundi: relatio post disceptationem*. E Civitate Vaticana: [s. n.], 2001.

VVAA. *Rosario: Preghiera prediletta*. Roma: Nova Itinera, 2003.

Notas

Epígrafes

1. Sergio Rubin y Francesca Ambrogetti, *El jesuita* (Buenos Aires: Vergara, 2010, versión digital), p. 9.
2. "Luis Palau: 'El Papa Francisco es un hombre centrado en Jesucristo, que lee la Biblia todos los días'", *Actualidad Evangélica* (14 marzo 2013).
3. Barack Obama, citado en David Jackson, "Obama sends best wishes to Pope Francis", *USA TODAY*, 14 marzo 2013, http://www.usatoday.com/story/theoval/2013/03/13/obama-michelle-pope -francis/1985687.
4. "Messi desea al Papa 'mucha luz y energías positivas'", *Sport* (13 marzo 2013).
5. Asamblea Nacional Caritas 2009 - Charla de Bergoglio a miembros de Cáritas (http://www.youtube.com/watch?v=Zey5vu-UCeA).
6. Jorge Mario Bergoglio, "Desgrabación de la homilía del cardenal Jorge Mario Bergoglio SJ, arzobispo de Buenos Aires en la misa de clausura del Encuentro de Pastoral Urbana Región Buenos Aires", 2 septiembre 2012, http://www.pastoralurbana.com.ar/archivos/bergoglio.pdf.
7. "Entrevista al Card. Jorge M. Bergoglio", AÍCA, 9 noviembre 2011, http://www.aicaold.com.ar/index.php?module=displaystory&story_id=29236&format=html&fech=2011-11-09.

Introducción

1. Papa Francisco, "Bendición Urbi et Orbi", 13 marzo 2013, http://www.vatican.va/holy_father/francesco/elezione/index_sp.htm.
2. Periódico *La Nación* (16 marzo 2013). Declaraciones ante los periodistas del papa Francisco, explicando la elección de su nombre papal.

Capítulo 1: El idioma de sus recuerdos: una familia de emigrantes italianos

1. Declaraciones del papa Francisco en el primer capítulo de Sergio Rubin y Francesca Ambrogetti, *El jesuita* (Buenos Aires: Vergara, 2010, versión digital).
2. Ibíd., p. 23.
3. Ibíd.
4. Ibíd.

5. *Max Weber, La ética protestante y el espíritu del capitalismo* (Madrid: Alianza Editorial, 2001).
6. Alida Juliani Sánchez, "Vecinos de la infancia del Papa recuerdan su vida... y su novia", *El Nuevo Herald*, EFE, 14 marzo 2013, http://www.elnuevoherald.com/2013/03/14/1431312/vecinos-de-la-infancia-del-papa.html.
7. Ibíd.

Capítulo 2: El Día de la Primavera: vocación y entrega

1. Sergio Rubin y Francesca Ambrogetti, *El jesuita* (Buenos Aires: Vergara, 2010, versión digital), p. 33.
2. Ibíd.
3. J. Bergoglio y A. Skorka, *Sobre el Cielo y la Tierra* (Buenos Aires: Sudamericana, 2011, formato digital), pos. 497.
4. *El jesuita*., p. 34.
5. Ibíd., p. 33.
6. Ibíd., p. 35.
7. Ibíd., p. 36. El papa Francisco se refiere a 1 Juan 4.10: «En esto consiste el amor: no en que nosotros hayamos amado a Dios, sino en que él nos amó a nosotros, y envió a su Hijo en propiciación por nuestros pecados».
8. *El jesuita*., p. 28.
9. Ibíd.
10. Ibíd.
11. Ibíd. p. 40.
12. Ibíd. p. 38.
13. *Sobre el Cielo y la Tierra*, pos. 497.
14. Ibíd.

Capítulo 3: Los duros días de la dictadura

1. J. Bergoglio y A. Skorka, *Sobre el Cielo y la Tierra* (Buenos Aires: Sudamericana, 2011, formato digital), pos. 1402.
2. *Humani generis* es una encíclica que publicó el papa Pío XII el 12 de agosto de 1950, en contra de la teología sobre el apoyo a los obreros.
3. Sergio Rubin y Francesca Ambrogetti, *El jesuita* (Buenos Aires: Vergara, 2010, versión digital), p. 106.
4. Ibid p. 107.
5. Ibíd.
6. Ibíd.
7. Ibíd., p. 108
8. Ibíd.
9. Ibíd.
10. Periódico *El Mundo* (EFE Berlín, 15 marzo 2013).
11. *Sobre el Cielo y la Tierra*, pos. 275.

Capítulo 4: El ascenso de un hombre humilde

1. Noticias de Cuyo blog, "'El *best seller* de mi vida lo escribe Dios' dijo el nuevo papa", 13 marzo 2013, http://noticiasdecuyo.wordpress.com/2013/03/13/el-best-seller- de-mi-vida -lo-escribe-dios -dijo-el- nuevo-papa/.

2. Sergio Rubin y Francesca Ambrogetti, *El jesuita* (Buenos Aires: Vergara, 2010, versión digital), p. 12.
3. Yamid Amat, "Bergoglio es un cardenal que puso la Iglesia en la calle", *El Tiempo*, 16 marzo 2013. Entrevista a Monseñor Eguía, obispo auxiliar de Buenos Aires, http://www.eltiempo.com/vida-de-hoy/religion/entrevista-a-monsenor-enrique-eguia_12695313-4.
4. Ibíd.
5. Ibíd.
6. *El jesuita*, p. 13.
7. "Pliego de preguntas a tenor del cual deberá responder el testigo Jorge Mario Bergoglio", 23 septiembre 2010, http://www.abuelas.org.ar/material/documentos/BERGOGLIO.pdf.

Capítulo 5: Los jesuitas: el ejército del papa

1. *Autobiografía de San Ignacio de Loyola* (texto recogido por el padre Luis Gonçalves da Camara entre 1553 y 1555), editada por El Aleph, 1999 (digital), p. 7.
2. Jesuitas.es, "Biografía de San Ignacio", http://www.jesuitas.es/index.php?option=com_content&view=article&id=168.
3. Robert Rouquette, *Saint Ignace de Loyola* (Paris: Editorial Albin Michel, 1944) p. 6.
4. Rene Fulop-Miller, *Les Jesuites et le secret de leur puissance* (París: Librería Plon, 1933), p. 61.
5. Carta a Thomas Jefferson, 5 mayo 1816, citada en *Les Jesuites et le secret de leur puissance*.
6. Junio de 1864, entrevista entre el padre Chiniquy y el Presidente Lincoln en Washington, durante la visita al hospital de heridos, en Charles Paschal Telesphore Chiniquy, *Fifty Years in the Church of Rome* (New York: Fleming H. Revell, 1886), p. 699.
7. Lo cita Paul von Hoensbroech en *14 Jahre Jesuit* (Leipzig: Breitkopf & Hartel, 1910).
8. Diario *Deia*, Bilbao, (15 marzo 2013). Dejó de ser jesuita cuando fue obispo.
9. "Lo que significa que uno de mis hermanos jesuitas sea el Papa", CNN México, 15 marzo 2013.
10. Ibíd.

Capítulo 6: Apoyo a Juan Pablo II en su apostolado americano

1. Mensaje de S.S. Juan Pablo II, en su segundo viaje apostólico a Brasil, octubre de 1991, citado en Juan C. Urrea, *Los NMR en América Latina* (Santiago de Chile: Ed. Paulinas, 1992), p. 62.
2. Sínodo de los obispos, Asamblea Especial para América, 1997, punto 47.
3. Las aportaciones de las Conclusiones de la V Conferencia General del Episcopado Latinoamericano y del Caribe se centraron más en la necesidad de la Evangelización de la Cultura que en la defensa de las nuevas iglesias protestantes en América Latina.

Capítulo 7: El papable que dejó paso al candidato alemán

1. Sergio Rubin y Francesca Ambrogetti, *El jesuita* (Buenos Aires: Vergara, 2010, versión digital), p. 92.
2. http://www.abc.es/sociedad/20130312/abci-diccionario-para-seguir-conclave-201303 121330.html.
3. Según fuentes del Vaticano, que desmintieron la idea de que había dicho «Amén», http://www.aciprensa.com/noticias/vaticano-revela-ultimas-palabras-de-juan-pablo-ii-dejadme-ir-a-la-casa-del-padre/#.UVApMVeiksI.
4. *El jesuita*, p. 92.
5. Homilía del papa Benedicto XVI en la misa de toma de posesión de su cátedra, 7 mayo 2005, http://www.vatican.va/holy_father/benedict_xvi/homilies/2005/documents/hf_ben-xvi_hom_20050507_ san-giovanni-laterano_sp.html.
6. Discurso del Santo Padre Benedicto XVI a los peregrinos alemanes, 25 abril 2005, http://www.vatican.va/holy_father/benedict_xvi/speeches/2005/april/documents/hf_ben-xvi_spe_20050425_german -pilgrims_sp.html.
7. P. Blanco Sato, *Benedicto XVI. El papa alemán* (Barcelona: Planeta, 2011), version digital pos. 6926.

Capítulo 8: El cónclave del 2013

1. Benedicto XVI, "Declaratio", 10 febrero 2013, http://www.vatican.va/holy_father/benedict_xvi/speeches/2013/february/documents/hf_ben-xvi_spe_20130211_declaratio _sp.html.
2. *Missa pro Ecclesia*. Primer mensaje de Su Santidad Benedicto XVI al final de la concelebración eucarística con los cardenales electores en la Capilla Sixtina, 20 abril 2005, http://www.vatican.va/holy_father/benedict_xvi/messages/pont-messages/2005/documents/hf_ben-xvi_mes_20050420_missa-pro-ecclesia_sp.html.
3. Roberto Marbán, "Eric Frattini: 'Benedicto XVI ha sido un 'limpiador de basura'. Pasará a la historia como un Papa revolucionario y limpiador'", *Periodista Digital*, 11 febrero 2013, http://www.periodistadigital.com/mundo/europa/2013/02/11/eric-frattini-benedicto-vaticano-renuncia.shtml.
4. Benedicto XVI, "Declaratio".
5. Andrea Riccardi, *Juan Pablo II: la biografía* (Bogotá: Ed. San Pablo, 2011), pp. 524–526.
6. Revista de los jesuitas, muy cercana al Vaticano.
7. Citada en "Ante desafíos cruciales", *Alfa y Omega*, 21 febrero 2013, http://www.alfayomega.es/Revista/2013/821/05_voc.php.
8. "Nuevo papa: candidatos a suceder a Benedicto XVI, lista de papables", *El HuffPost*/Reuters, 11 febrero 2013, http://www.huffingtonpost.es/2013/02/11/nuevo-papa-candidatos-a-suceder-benedicto-xvi_n_2662376.html.
9. Ibíd.
10. Philip Pullella, "Cardenal dice existe posibilidad de un Papa latinoamericano o africano", 17 febrero 2013, http://ar.reuters.com/article/topNews/idARL1N0BH0ZJ20130217.
11. *El Economista*, "Posibles candidatos para sustituir al Papa Benedicto XVI", 11 febrero 2013, http://eleconomista.com.mx/internacional/2013/02/11/posibles-candidatos-sustituir -papa-benedicto-xvi.

12. Julio Algañaraz, "Una avalancha de más de 90 votos convirtió en Papa a Bergoglio", 13 marzo 2013, http://www.clarin.com/edicion-impresa/avalancha-votos-convirtio-Papa-Bergoglio_0_883711711.html.
13. Ibíd.
14. Ibíd.
15. "Franciscus", 13 marzo 2013, http://www.vatican.va/holy_father/francesco/elezione/index_sp.htm.
16. Periódico *La Vanguardia*, 14 marzo 2013, http://www.lavanguardia.com/internacional/ 20130313/54368354321/jorge-mario-bergoglio-nuevo-papa.html.

Capítulo 9: El primer papa de las Américas

1. Biografía de San Francisco de Asís escrita por San Buenaventura. Episodio La oración ante el Crucifijo de San Damián, *Leyenda Mayor* 2,1, http://www.franciscanos.org/fuentes/lma01.html.
2. Encuentro con los representantes de los medios de comunicación. Discurso del Santo Padre Francisco, 16 marzo 2013, http://www.vatican.va/holy_father/francesco/speeches/2013/march/documents/papa-francesco_20130316_rappresentanti-media_sp.html.
3. San Buenaventura, *Leyenda Mayor* 2,1.
4. La tiara papal es una mitra alta, con tres coronas de origen bizantino-persa, que representa el símbolo del papado. Su forma es la de un birrete cónico rodeado de tres coronas y del que cuelgan dos cintas, las ínfulas de la mitra. Estas ropas están inspiradas en las utilizadas por los judíos y descritas en el Antiguo Testamento, en especial las ropas del sumo sacerdote.
5. Juan Pablo I, "Ángelus", http://www.vatican.va/holy_father/john_paul_i/angelus/documents/hf_jp-i_ang_10091978_sp.html.
6. «Pero Sion dijo: Me dejó Jehová, y el Señor se olvidó de mí. ¿Se olvidará la mujer de lo que dio a luz, para dejar de compadecerse del hijo de su vientre? Aunque olvide ella, yo nunca me olvidaré de ti» (Isaías 49.14–15).
7. Homilía del Papa Francisco en Misa inaugural de su pontificado (Texto completo), *Aciprensa*, 19 marzo 2013.
8. Ibíd.
9. Ibíd.
10. Ibíd.
11. Sergio Rubin y Francesca Ambrogetti, *El jesuita* (Buenos Aires: Vergara, 2010, versión digital), p. 96.
12. Ibíd.
13. "Los cuatro grandes retos del papa Francisco", *Terra Colombia*, 18 marzo 2013, http://noticias.terra.com.co/internacional/renuncia-y-sucesor-de-benedicto-xvi/los-cuatro-grandes-retos-del-papa-francisco,56d60eb10fd7d310VgnVCM4000009bcceb0aRCRD.html.
14. Rachel Zoll, Associated Press, "Letters: Catholic bishops warned in '50s of abusive priests", *USA Today*, 31 marzo 2009, http://usatoday30.usatoday.com/news/religion/2009-03-31-catholic-abuse_N.htm.
15. Michael D. Schaffer, "Sex-abuse crisis is a watershed in the Roman Catholic Church's history in America", Philly.com, 25 junio 2012, http://articles.philly.com/2012-06-25/news/32394491_1_canon-lawyer-catholic-priests-catholic-bishops.

16. "El fiscal Vaticano para la pederastia reconoce 3.000 casos en ocho años", *El País*, 13 marzo 2010, http://sociedad.elpais.com/sociedad/2010/03/13/actualidad/1268434809_850215.html.
17. Ibíd.
18. *El país*, 24 abril 2002. Juan Pablo II, "Discurso del Santo Padre Juan Pablo II en la reunión interdiscaterial con los Cardenales de Estados Unidos", 23 abril 2002, http://www.vatican.va/holy_father/john_paul_ii/speeches/2002/april/documents/hf_jp-ii_spe_20020423_ usa-cardinals_sp.html.
19. Ibíd.
20. "La Iglesia Católica reconoce 4.000 casos de pederastia en 10 años", *CNN México*, 6 febrero 2012.
21. *El jesuita*, p. 72.
22. J. Bergoglio y A. Skorka, *Sobre el Cielo y la Tierra* (Buenos Aires: Sudamericana, 2011, formato digital), pos. 597.
23. "En el autobús con el Papa", 15 marzo 2013, http://www.abc.es/sociedad/20130315/abci-papa-francisco-autobus-201303150948.html
24. "Francisco contra el encubridor de pederastas", *El Mundo*, 15 marzo 2013.
25. "Francisco recibió informe VatiLeaks", *Univisión*, Agencia EFE, 18 marzo 2013, http://noticias.univision.com/benedicto-xvi-renuncia/conclave/article/2013-03-18/francisco-recibio-informe -vatileaks#axzz2OYCC0vbM.
26. Ibid
27. Eric Frattini, *Los cuervos del Vaticano* (Madrid: Editorial Espasa, 2012) (digital) p. 73.
28. "El cardenal Cipriani admite que el Vatileaks influyó para evitar un papa italiano", *El Día*, 17 marzo 2013, http://www.eldia.es/2013-03-17/internacional/internacional15.htm.
29. Ibíd.
30. *Sobre el Cielo y la Tierra*, pos. 1674.
31. Ibíd.
32. Ibíd.
33. Ibíd., pos. 1779.
34. Congregación para la Doctrina de la Fe (CDF), Declaración "Persona humana" sobre algunas cuestiones de ética sexual, 29 de diciembre de 1975, número 8.
35. CDF, Consideraciones para la respuesta católica a propuestas legislativas de no discriminación a homosexuales, 23 de julio de 1992, números 10, 11 y 12.
36. *Sobre el Cielo y la Tierra*, pos. 1209.
37. Ibíd.
38. Web www.vatican.va: La Congregación para la Doctrina de la Fe en su Declaración sobre el aborto.
39. Ibíd, punto 6.
40. *Sobre el Cielo y la Tierra*, pos. 1130.
41. Discurso en el V Encuentro Mundial de las Familias (EMF), 8 julio 2006, http://www.vatican.va/holy_father/benedict_xvi/letters/2006/documents/hf_ben-xvi_let_20060708_ spanish-bishops_sp.html.
42. Datos del CIS, octubre 2012, http://datos.cis.es/pdf/Es2960mar_A.pdf
43. José María Vigil, "Crisis de la vida religiosa en Europa", CETR, http://www.cetr.net/es/articulos/sociedad_en_cambio/crisis_de_la_vida_religiosa_en_europ.

44. "La esperanza de vida en España es de 81,9 años", *Lne.es*, http://www.lne.es/vida-y-estilo/salud/2012/04/04/esperanza-vida-espana-819-anos/1223893.html.
45. José María Vigil, "Crisis de la vida religiosa en Europa".
46. Mar Ruiz, "200 sacerdotes menos cada año por la crisis de vocaciones", Ser Radio, 18 marzo 2012, http://www.cadenaser.com/sociedad/articulo/200-sacerdotes-ano-crisis-vocaciones/csrcsrpor/20120318csrcsrsoc_10/Tes.
47. Obras Misionales Pontificias. Sacerdotes, http://www.omp.es.
48. José María Iraburu, "Causas de la escasez de vocaciones" (Pamplona: Fundación Gratis Date, 2004), 2nd ed., 2, http://www.vocaciones.org.ar/archivos/1.pdf.
49. Hervé Legrand, "Crisis de las vocaciones sacerdotales: Ayer y hoy" 1, http://www.seleccionesdeteologia.net/selecciones/llib/vol25/100/100_legrand.pdf.
50. Iraburu, "Causas de la escasez de vocaciones".
51. *Sobre el Cielo y la Tierra*, pos. 574.
52. Gerardo Lissardy, "La dura competencia que enfrenta la Iglesia Católica en América Latina", BBC Mundo, 13 marzo 2013, http://www.bbc.co.uk/mundo/noticias/2013/03/130313_brasil _america_latina_papa_conclave_iglesia_rg.shtml.
53. Carlos G. Cano, "Lutero avanza en América Latina", 30 julio 2010, http://elpais.com/diario/2010/07/30/internacional/1280440809_850215.html.
54. *El jesuita*, p. 56.
55. Benedicto XVI, *Ubicumque et Semper*, 21 septiembre 2010, http://www.vatican.va/holy_father/benedict_xvi/apost_letters/documents/hf_ben-xvi_apl_20100921_ubicumque -et-semper_sp.html.
56. Luigi Guissani, *El sentido de Dios y el hombre moderno* (Madrid: Editorial Encuentro, 2005), p. 136.
57. "La nueva evangelización para la transmisión de la fe cristiana", http://www.vatican.va/roman_curia/synod/documents/rc_synod_doc_20110202_lineamenta-xiii-assembly_ sp.html.
58. Encuentro con los representantes de las iglesias y comunidades eclesiales, y de las diversas religiones. Discurso del Santo Padre Francisco, 20 marzo 2013, http://www.vatican.va/holy_father/francesco/speeches/2013/march/documents/papa-francesco_20130320_delegati-fraterni_ sp.html.
59. Ibíd.
60. Marcelo Raimon, "Francisco quiere diálogo con los judíos desde el primer día de su pontificado", *Noticias Univisión*, 17 marzo 2013, http://noticias.univision.com/benedicto-xvi-renuncia/conclave/article/2013-03-17/el-primer-paso-del-papa#axzz2OOZHew9N.
61. "El arzobispo de Miami celebra la elección de 'un papa americano'", *Noticias Terra*, 13 marzo 2013, http://noticias.terra.com/internacional/el-arzobispo-de-miami-celebra-la-eleccion-de-un-papa-americano,a3abfd69c456d310VgnCLD2000000dc6eb0aRCRD.html.
62. Ibíd.
63. Juan Lara, "Era el momento de un Papa latino, no de Asia o África", *El Diario Montañés*, 17 marzo 2013, http://www.eldiariomontanes.es/rc/20130317/mas-actualidad/sociedad/momento-papa-latinoamericano-asia-201303172014.html.
64. Ibíd.

65. "Con el papa Francisco, América Latina espera un fortalecimiento del catolicismo", *The Wall Street Journal*, 17 marzo 2013.
66. Ibíd.

Capítulo 10: El primer papa jesuítico

1. Sergio Rubin y Francesca Ambrogetti, *El jesuita: conversaciones con el cardenal Jorge Bergoglio* (Buenos Aires: Vergara, 2010, versión digital), p. 34.
2. "Jesuitas expresan obediencia a papa Francisco", Conferencia Episcopal de Honduras, http://www.iglesiahn.org.
3. Redes Cristianas, "Un jesuita alejado de la tesis de Benedicto XVI al frente de la orden", 22 enero 2008, http://www.redescristianas.net/2008/01/22/un-jesuita-alejado-de-la-tesis-de-benedicto-xvi-al-frente-de-la-orden/.
4. "Jesuitas expresan obediencia a papa Francisco".
5. "Uno de los jesuitas secuestrado por la dictadura argentina desmiente que el Papa Francisco les denunciara", La Información.com, EFE (21 marzo 2013).
6. Jorge Bergoglio, *El verdadero poder es el servicio*, Editorial Claretiana, Buenos Aires, 2007, p, 96.
7. *El jesuita*, p. 62.
8. Ibíd.
9. *Sobre el Cielo y la Tierra*, pos. 1709.
10. Ibíd., pos. 1533.
11. Ibíd.

Capítulo 11: El papa ante la modernidad y la globalización

1. J. Bergoglio y A. Skorka, *Sobre el Cielo y la Tierra* (Buenos Aires: Sudamericana, 2011, formato digital), pos. 1610.
2. "El papa Francisco envió mensaje a miles de argentinos en la Plaza de Mayo", *El comercio*, 19 marzo 2013, http://elcomercio.pe/actualidad/1552117/noticia-papa-francisco-envio-mensaje -miles-argentinos-plaza-mayo.
3. *Sobre el Cielo y la Tierra*, pos. 1627.
4. Ibíd., pos. 1628.
5. "Benedicto XVI prefiere Twitter y descarta entrar en Facebook: Es demasiado Personal", 24 enero 2013, http://www.20minutos.es.
6. http://www.news.va/es/news/twitter-benedicto-xvi-supera-los-3-millones -de-seg.
7. www.twitter.com/Pontifex_es.

Capítulo 12: El papa frente a los escándalos de la Iglesia Católica

1. Sergio Rubin y Francesca Ambrogetti, *El jesuita* (Buenos Aires: Vergara, 2010, versión digital), p. 64.
2. "Eric Frattini: 'El informe Vatileaks es una herencia venenosa de Ratzinger para Francisco'", *La Sexta*, 16 marzo 2013, http://www.lasexta.com/programas/sexta-noche/eric-frattini-informe-vatileaks-herencia-venenosa-ratzinger-francisco_2013031600130.html.
3. Ibíd.

Capítulo 13: El papa humilde y apasionado por la oración

1. Sergio Rubin y Francesca Ambrogetti, *El jesuita* (Buenos Aires: Vergara, 2010, versión digital), p. 37.
2. J. Bergoglio y A. Skorka, *Sobre el Cielo y la Tierra* (Buenos Aires: Sudamericana, 2011, digital), pos. 504.
3. Ibíd., pos. 624.
4. Ibíd.
5. Ibíd.
6. Ibíd, pos. 667.
7. "En sus palabras: ideas que iluminan el papado de Francisco", *La Nación*. 17 marzo 2013, http://www.lanacion.com.ar/1564044-en-sus-palabras-ideas-que-iluminan-el-papado -de-francisco.
8. *Sobre el Cielo y la Tierra*, pos. 694.
9. Ibíd, pos. 729.

Conclusión

1. Santa Misa con los cardenales. Homilía del Santo Padre Francisco, 14 marzo 2013, http://www.vatican.va/holy_father/francesco/homilies/2013/documents/papa-francesco_20130314_omelia-cardinali_sp.html.
2. Papa Francisco, @Pontifex, https://twitter.com/Pontifex, 19 marzo 2013.

Las creencias del nuevo papa en diez frases

1. Mensaje del Papa tras ser elegido desde el balcón del Vaticano, 13 marzo 2013, http://www.vatican.va/holy_father/francesco/elezione/index_sp.htm.
2. Frase extraída J. Bergoglio y A. Skorka, *Sobre el Cielo y la Tierra* (Buenos Aires: Sudamericana, 2011, digital), pos. 504.
3. Primera homilía del papa el 14 de marzo de 2013 en la Capilla Sixtina, http://www.vatican.va/holy_father/francesco/homilies/2013/documents/papa-francesco_20130314_omelia-cardinali _sp.html.
4. "El papa Francisco envió mensaje a miles de argentinos en la Plaza de Mayo", 19 marzo 2013, *El Comercio*, http://elcomercio.pe/actualidad/1552117/noticia-papa-francisco-envio-mensaje-miles-argentinos -plaza-mayo.
5. Homilía de la investidura el día 19 de marzo de 2013, http://www.vatican.va/holy_father/francesco/homilies/2013/documents/papa-francesco_20130319_omelia-inizio-pontificato _sp.html.
6. Papa Francisco, @Pontifex, https://twitter.com/Pontifex, 17 marzo 2013.
7. Papa Francisco, @Pontifex, https://twitter.com/Pontifex, 19 marzo 2013.
8. Sergio Rubin, "Desafíos: reformar la Iglesia y sacar al Vaticano del ojo de la tormenta", *El Clarín*, 20 marzo 2013, http://www.clarin.com/mundo/Desafios-reformar-Iglesia-Vaticano-tormenta_0_886111442.html.
9. Palabras de la presidenta de Brasil comentando la noticia de su elección, "El papa es argentino, pero Dios es brasileño", Periódico *Clarín*, 13 marzo 2013, http://www.clarin.com/mundo/Papa-argentino-Dios-brasileno_0_886111544.html.
10. Palabras de la homilía en la misa de la Asunción, http://www.vatican.va/holy_father/francesco/homilies/2013/documents/papa-francesco_20130319 _omelia-inizio-pontificato_sp.html.

Acerca del autor

Mario Escobar Golderos, licenciado en Historia y diplomado en Estudios Avanzados en la especialidad de Historia Moderna, ha escrito numerosos artículos y libros sobre la Inquisición, la Reforma Protestante y las sectas religiosas. Colabora como columnista en distintas publicaciones. Apasionado por la historia y sus enigmas ha estudiado en profundidad la historia de la iglesia, los distintos grupos sectarios que han luchado en su seno y el descubrimiento y la colonización de América, especializándose en la vida de personajes heterodoxos españoles y americanos. Para más información, visitar www.marioescobar.es.

ALSO AVAILABLE IN ENGLISH

ISBN: 9780849922039
ISBN: 9780849965418 (ebook)

CPSIA information can be obtained at www.ICGtesting.com
Printed in the USA
LVOW040053060613

337099LV00002B/4/P